ACTE II, SCÈNE VI.

RIGOBERT,

ou

FAIS-MOI RIRE,

COMÉDIE-DRAME, EN TROIS ACTES,

par M. Eugène Deligny,

REPRÉSENTÉE POUR LA PREMIÈRE FOIS, SUR LE THÉATRE DE LA GAITÉ, LE 3 JUIN 1839.

PERSONNAGES.	ACTEURS.	PERSONNAGES	ACTEURS.
CHARLES EMMANUEL Ier, duc de Savoie.	M. DESHAYES.	SATURNUS.	M. CHARLET.
LE MARQUIS D'ARCANO, ministre du duc.	M. BRÉSIL.	GONTARD.	M. FOURNEL.
LE COMTE DE CARDONELLI, ministre du duc.	M. DANGLADE.	JÉRONIMO BALBI, médecin du duc.	M. PRADIER.
LE CHEVALIER DE St-PONS, secrétaire du marquis.	M. P. MÉNIER.	CARLINO, astrologue du duc.	M. FONBONNE
RIGOBERT.	M. FRANC. HUTIN.	UN SERGENT de la garde du duc.	M. LAISNÉ.
		LE GRAND PRÉVOT.	M. BASSAN.
		FLORA GONTARD.	Mlle EMMA.
		SEIGNEURS, LAQUAIS, PAGES, PIQUEURS.	

La scène est en 1601.

ACTE PREMIER.

Une clairière à laquelle aboutissent trois chemins : l'un au fond, l'autre à gauche et le troisième à droite. Sur le premier plan à gauche, une maisonnette près de laquelle se trouve un banc ; sur le deuxieme plan à droite, une chapelle à demi cachée par les arbres.

SCENE PREMIERE.

LE DUC DE SAVOIE, LE COMTE DE CARDONELLI, LE MARQUIS D'ARCANO.

Ils entrent en même temps: le Duc par le fond, le Comte par la droite et le Marquis par la gauche.

LE DUC.

Eh bien?

LE COMTE.

Je ne l'ai pas vue.

LE MARQUIS.

Ma recherche a pareillement été infructueuse.

LE DUC.

Pourtant c'est bien dans cette direction qu'elle a fui ; et elle ne peut avoir pris que l'une de ces trois routes : il n'y en a pas quatre.. Oh! elle s'est jetée au travers du taillis.

LE COMTE.

Cela n'est pas probable... le taillis est tellement épais de ce côté...

LE MARQUIS.

Il serait impossible de s'y frayer un passage.

LE DUC.

Se cacherait-elle dans cette chapelle! (*il regarde dans la chapelle*) non... dans cette cabane, alors... (*Il frappe à la porte.*) Pas de réponse!... Oh! cette fenêtre est mal fermée... (*Il la pousse et regarde.*) Personne !

LE MARQUIS, *à part.*

Je respire.

LE COMTE, *à part.*

Je ne m'étais pas trompé; elle s'est élancée au milieu du taillis.

LE DUC.

Ce n'était pourtant pas un rêve, une illusion... je l'ai bien vue cette jeune fille... vous l'avez vue aussi, messieurs?

LE COMTE, *après avoir regardé le Marquis, qui garde le silence.*

Hélas non, mon prince... je crois que votre altesse a été abusée par une vision.

LE DUC.

Une vision!

LE MARQUIS, *à part en regardant le Comte.*

Dit-il vrai?

LE DUC.

Une vision!... oh! vous ne le croyez pas, vous, marquis d'Arcano.

LE MARQUIS.

Que votre altesse me pardonne; je suis de l'avis de M. le comte de Cordonelli.

LE COMTE, *à part.*

Il ne me dément pas... il doit pourtant avoir vu cette femme?

Pendant l'aparté du Comte, Charles-Emmanuel tombe accablé sur le banc placé près de la maisonnette.

LE DUC, *se parlant à lui-même.*

Au fait, c'est possible !... l'image de cette jeune fille me poursuit partout... oh! mais jamais cette image n'avait eu une telle apparence de réalité... ce n'étaient plus des traits vagues, incertains, des formes indécises m'apparaissant au milieu d'un brouillard... C'était bien la ravissante créature à la taille si fine et si souple, aux yeux si brillans, à la bouche si gracieuse et si fraîche, que je vis le jour de Pâques. Elle s'appuyait sur le bras d'un vieillard, et regardait passer mon cortége. Qu'elle était belle! mon Dieu! et comme elle paraissait heureuse! Quand je l'ai revue tout-à-l'heure, son visage n'avait plus la même expression!... la frayeur avait remplacé la béatitude céleste... Pauvre enfant! elle était toute pâle... lorsque je me suis approché d'elle, elle a poussé un petit cri plaintif; puis elle s'est sauvée. . J'entends encore le bruit de ses pas sur les feuilles sèches... mais tout cela n'était qu'un rêve, un fantôme!... Oh! ma tête! ma tête!

Il cache sa figure avec ses mains.

LE COMTE, *au Marquis avec affectation.*

Une telle agitation ne peut être produite que par la fièvre.

LE DUC, *épouvanté.*

La fièvre! vous dites que j'ai la fièvre! (*Il se tâte le pouls.*) Toujours souffrir... c'est affreux!

LE COMTE.

Vous n'êtes pas raisonnable, monseigneur. Le savant Jéronimo Balbi, votre médecin, vous a prescrit le repos et la solitude afin de vous éviter la moindre fatigue, la moindre contrariété. Pourquoi avez-vous cessé de suivre l'ordonnance du docteur?

LE DUC.

Vous croyez que j'ai eu tort de chasser ce matin ?

LE COMTE.

Certainement.

LE MARQUIS.

Le bruit du cor, les aboiemens de la meute, la longue course que vous venez de faire ont irrité vos nerfs, ont enflammé votre sang.

LE DUC.

J'étouffais dans mon palais; j'avais besoin d'air... et puis... je ne dors plus... J'ai pensé qu'un peu d'exercice me procurerait au moins quelques heures de sommeil. Jéronimo Balbi me traite mal, j'en suis sûr. Ma principale souffrance, c'est l'ennui. Il me faudrait des distractions, de la gaîté... Je me portais mieux quand Nicomède, mon pauvre fou, vivait; il me faisait rire de temps en temps... Monsieur de Cardonelli, je vous ai chargé de me trouver un autre bouffon.

LE COMTE.

J'en ai présenté deux à votre altesse...

LE DUC.

Ils étaient maussades... insipides...

LE COMTE.

Les hommes véritablement gais sont si rares... Je chercherai encore.

LE DUC, *se levant et prenant le milieu de la scène.*

Il me faudrait de la joie, du bonheur... Si elle était près de moi, cette jeune fille .. je serais heureux... il me semble que je guérirais rien qu'en l'entendant parler... sa voix doit être harmonieuse et douce comme celle d'un ange.

LE MARQUIS.

Jusqu'à présent, monseigneur, j'ai fait de vains efforts pour découvrir cette femme; mais je ne me décourage pas.

LE DUC.

Mon affection lui sera peut-être fatale aussi; je porte malheur à tout ce que j'aime. La princesse Maria, ma vertueuse compagne, Philibert de Baure, Nicomède, et bien d'autres qui me furent chers, sont morts. Je vous rejoindrai bientôt, mes amis, ma fin est prochaine, je le sens.

LE MARQUIS *et* LE COMTE.

Monseigneur!...

LE DUC.

Je ne regretterais pas la vie si mon fils était en âge de gouverner seul... Pauvre enfant! son duché serait pendant bien des années confié à des mains étrangères... Oh! après tout, l'avenir ne sera qu'une triste continuation du présent; car je suis en tutelle, moi; ma santé ne me permet pas de m'occuper des affaires de l'état... souverain inutile, je suis dans la même position que l'infortuné roi Charles sixième de France... Que de malheurs pendant son règne et après sa mort! Mon Dieu! veillez sur la Savoie!

LE COMTE.

Qu'avez-vous dit, monseigneur?

LE MARQUIS.

N'avez-vous donc plus confiance en nous?

LE DUC.

Pardon, messieurs, je vous crois fidèles; mais le comte de Nanta, je le croyais fidèle aussi, et pourtant il me trahissait; vous me l'avez prouvé.

LE COMTE.

Oh! monseigneur...

LE DUC.

Excusez-moi encore une fois, je n'ai pas l'intention de vous blesser... mon ame est tellement triste...

LE MARQUIS.

Votre altesse ne nous a pas blessés, mais elle nous chagrine... qu'elle chasse bien vite ces idées sombres qui l'accablent.

LE DUC.

Vous avez raison, je ne veux plus songer à l'avenir... (*Bruit de cor.*) Les chiens sont sur la voie... rejoignons nos chevaux, messieurs.

LE COMTE.

Votre altesse ne craint pas que la fatigue...

LE DUC.

Non, non; je veux m'étourdir, changer de régime... Mon père chassait tous les jours; c'est à cet exercice qu'il attribuait sa bonne santé... j'agirai comme lui; après la chasse, il adressait dans cette chapelle une prière à saint Hubert, patron des chasseurs; je suivrai aussi cette sainte coutume. Monsieur de Cardonnelli, vous préviendrez le chapelain, et vous veillerez aux apprêts de la cérémonie... A cheval! à cheval!

Le Duc et le Marquis sortent précipitamment par la gauche. Le Comte entre dans la chapelle.

SCENE II.

RIGOBERT, *puis* FLORA.

RIGOBERT, *seul, entrant par la droite.*

Elle n'est pas venue... elle n'a pas pu sans doute tromper la vigilance paternelle; j'en suis quitte pour avoir eu froid; je vais me chauffer... je parie que mon nez est cramoisi.

Il ouvre la porte de la maisonnette.

FLORA, *sortant du taillis au fond, à gauche.*
Rigobert!

RIGOBERT, *se retournant.*

Flora!... ce n'est pas ici que tu m'as donné rendez-vous.

FLORA.

Je le sais bien!... il m'a été impossible d'aller à la grotte... Je traversais le carrefour de la Croix-Rouge, lorsque tout-à-coup trois chasseurs sont sortis au galop de la grande route... C'est elle, a

crié l'un d'eux en s'avançant vers moi... J'ai eu peur, et je me suis jetée dans le taillis, afin d'éviter leur poursuite.

RIGOBERT.

C'est elle, a crié l'un d'eux... Il te connaît donc, celui-là?... le connais-tu, toi?

FLORA.

Est-ce que je l'ai regardé? je ne songeais qu'à la fuite.

RIGOBERT.

Comme tu es pâle!... tu trembles encore... Calme-toi, tu n'as plus rien à craindre maintenant que tu es près de moi... Je ne me flatte pas d'être César le grand, mais je ne suis pas manchot. Tu m'as écrit que tu avais quelque chose d'important à me communiquer, qu'est-ce?

FLORA.

Mon père m'a annoncé hier que je partirais aujourd'hui pour Genève; ma marraine m'invite à passer l'hiver chez elle.

RIGOBERT.

Nous allons être séparés?

FLORA.

Un plus grand malheur nous menace peut-être!

RIGOBERT.

Lequel?

FLORA.

Ma marraine veut toujours me marier.

RIGOBERT.

Et tu crois...?

FLORA.

Oui.

RIGOBERT.

Diable! diable!

FLORA.

Il faut voir mon père tout de suite, et lui demander ma main.

RIGOBERT.

Tout de suite!

FLORA.

Vas-tu donc encore me dire ce que tu me dis chaque fois que je te conseille de parler à mon père: Plus tard, attendons?

RIGOBERT.

Non, il n'y a plus moyen de reculer; pourtant j'attendrai toujours, si c'est possible.

FLORA.

Mais pourquoi?... expliquez-vous à la fin!

RIGOBERT.

Flora... jusqu'à présent j'ai refusé de te répondre à cet égard, parce que je ne voulais pas te faire partager l'anxiété qui me dévore, mais puisque ta curiosité est invincible, tu vas connaître mon secret.

FLORA.

Je t'écoute.

RIGOBERT.

Tu sais qu'il y a cinq années, peu de temps après la mort de mon père, le savant Rigobert mon oncle, physicien, astrologue des plus fameux, vint me chercher ici, et m'emmena à Paris?

FLORA.

Je le sais.

RIGOBERT.

Oui, mais ce que tu ne sais pas, c'est qu'il désirait que je devinsse médecin... En conséquence, il me fit entrer à l'université, afin que j'apprisse le grec, le latin et autres infirmités analogues, que je me gardai bien de cultiver. Je préférais mener joyeuse vie avec les écoliers mes camarades, et j'aurais pu continuer mes études dans les cabarets jusqu'à un âge fort avancé, si mon brave homme de parent n'était pas tout-à-coup tombé malade. Un matin, j'étais assis à son chevet, et il m'adressa ces paroles, que je n'oublierai jamais: « C'est aujourd'hui jeudi, demain vendredi, à la troisième heure, je trépasserai!— Ah! mon oncle, m'écriai-je... — Silence! interrompit-il; j'ai tiré mon horoscope, je connais mon sort! Je te lègue tout ce que je possède, mes habits et quarante écus d'argent. Mes meubles, mes livres, et mes instrumens serviront à payer mes dettes, car j'ai des dettes. Je serais désolé de te laisser un si maigre héritage, si je n'avais pas lu dans les astres toute ta destinée ; elle sera brillante. Tu seras le plus heureux des Rigobert! Tu végéteras d'abord, mais un accident fatal t'arrivera et assurera ta fortune; à dater du jour où cet accident aura eu lieu, tu réussiras dans tout ce que tu entreprendras, tous tes désirs seront comblés... Va donc en paix, et laisse-moi seul. » Le lendemain, à la troisième heure, il mourut.

FLORA.

Juste comme il l'avait prédit.

RIGOBERT.

Il ne se trompait jamais!... Je suis revenu au pays afin de te revoir, car mon cœur me disait déjà que je t'aimerais ; et puis aussi, afin d'attendre en paix mon accident fatal... je l'attends encore... voilà pourquoi je ne parle pas à ton père.

FLORA.

Je ne comprends pas.

RIGOBERT.

Comment! tu ne comprends pas que, si je vais, avant mon accident, dire à ton père : Papa Gontard, j'aime votre fille, il me répondra : Ma fille est riche, que possèdes-tu, toi? — Rien! pas une obole! — Alors, voici le chemin de la porte. — Bien obligé, monsieur... Tandis que, après mon accident, autre jeu... Ton père me dit : Vous désirez épouser ma fille... vous êtes bien bon! comment donc! donnez-vous la peine de vous asseoir... Il m'offre un siège et il ne me tutoie plus ; note bien ceci, il ne me tutoie plus ; il nous unit. Alors je me mets à entreprendre n'importe quoi, et je deviens millionnaire... c'est clair comme le jour.

FLORA.

Mais quand donc aura-t-il lieu cet accident?

RIGOBERT.

Est-ce que je sais, moi? je l'attends d'heure en heure, de minute en minute; je l'implore, je le mendie. Chaque soir en me couchant, je prie le bon Dieu de m'envoyer quelque chose de fatal, de me faire tomber mon domicile sur le corps: je vais même au-devant de mon accident : je gravis les montagnes les plus escarpées, dans l'espérance de me casser un bras ou une jambe... mais non, pas moyen ; j'appelle en vain la fatalité, elle me fuit, la cruelle. Dernièrement, en passant par Genève, des hommes armés jusqu'aux dents m'ont assailli; je croyais qu'ils désiraient me dépouiller, j'étais ravi, enchanté, je me laissais faire. Voilà mon accident, me disais-je!... Eh bien, non! ces infâmes gueux se trompaient : ce n'était pas à moi qu'ils en voulaient : ils me lâchèrent pour se précipiter sur un jeune homme qui sortait d'une rue sombre. Furieux de voir mon accident m'échapper, je tombai à grands coups de dague sur les assassins, afin de délivrer leur victime. J'espérais être blessé dans la lutte... erreur! je terrassai deux de ces bandits, les autres prirent la fuite. « Je vous dois la vie, me dit le jeune homme; votre nom? — Rigobert. — Moi, je suis le vicomte de Nanta, tout à vous! » Ainsi, tu le vois, au lieu d'un malheur, j'avais trouvé un ami; on n'a pas plus de guignon.

FLORA.

Si tu allais l'attendre... pendant quarante années ton accident!

RIGOBERT.

Malheureuse! c'est comme cela que tu me consoles!... quarante années! je serais perdu! J'ai mangé hier mon dernier écu, si bien qu'aujourd'hui je cours grand risque de ne rien manger du tout, j'ai la famine en perspective... je ne peux pas vivre quarante années avec la famine!... Oh! mais c'est fatal, cela! mon accident est peut-être arrivé! oui, je le crois, je le sens à la joie qui m'anime... je vais parler à ton père. Voyons, lustrons notre pourpoint afin d'avoir l'air honorable.

Il passe la paume de la main sur ses vêtemens.

SCENE III.

LES MÊMES, GONTARD, SATURNUS.

Ils entrent tous deux sans bruit par la droite

SATURNUS, *bas à Gontard, en montrant les deux amans.*

Ai-je menti?

GONTARD, *à part.*

Le scélérat!

RIGOBERT, *à Flora.*

Maintenant, partons!

GONTARD.

Halte-là! séducteur! ravisseur!

SATURNUS.

Suborneur! enjôleur!

RIGOBERT.

Vous n'y êtes pas, monsieur Gontard; mes intentions sont pures, excessivement pures! j'allais vous demander la main de Flora.

GONTARD.

Tu veux épouser la fille du plus riche cultivateur de cette contrée, toi qui n'as pas de profession, qui es pauvre comme...

SATURNUS.

Comme tout ce qu'il y a de plus gueux.

GONTARD.

Tu es donc fou?

SATURNUS.

Ou il est toqué.

RIGOBERT.

Vous refusez?

GONTARD.

Parbleu !

RIGOBERT, *à part.*

La famine n'est pas mon bon accident.

FLORA.

O mon père !

GONTARD.

Taisez-vous !

FLORA.

Je mourrai de chagrin.

GONTARD.

Je vous le défends, et je vous ordonne d'oublier cet insensé.

SATURNUS.

Oh! oui, oubliez cet insensé!

RIGOBERT, *à part, avec désespoir.*

Tu végéteras d'abord, a dit mon oncle.

GONTARD, *à Flora.*

Il est inutile de pleurer, vous ne m'attendrirez pas.

SATURNUS.

Oh! non, ne vous laissez pas attendrir; car je l'aime aussi, et je vous la demande cette main chérie, afin de mettre à ses pieds...

Il tombe aux genoux de Gontard.

RIGOBERT.

Voilà qui est bouffon, par exemple !

GONTARD.

Mais tu n'es pas plus riche que Rigobert.

SATURNUS.

J'ai une profession, moi.

GONTARD.

Elle est jolie! garçon de ferme !

SATURNUS.

Mais je vous ai rendu de grands services : j'ai cultivé vos navets, vos carottes; j'ai gardé jusqu'à toutes vos vaches à moi seul !

GONTARD.

Je t'ai payé, imbécile !

SATURNUS, *à part, en se relevant.*

Vertubœuf! on n'oblige que des ingrats.

RIGOBERT, *à part.*

Ce refus m'a brisé le cœur... Ah! mais, c'est fatal, la brisure d'un cœur !

GONTARD, *à Flora.*

Allons, rentrons au logis.

RIGOBERT.

Flora, réjouis-toi... je crois que je le tiens.

FLORA.

Qui?

RIGOBERT.

Mon accident! (*A Gontard.*) Oh! que je vous remercie de ne pas avoir accueilli ma demande! ça m'a produit l'effet d'un affreux coup de poignard! mais je le bénis, il assure ma félicité.

GONTARD.

Décidément, il est aliéné.

RIGOBERT.

Nullement; Flora vous expliquera ce qui vous paraît nébuleux dans mon dialogue... Mais d'abord, répondez-moi... Vous ne me repoussez que parce que je suis pauvre, n'est-ce pas ?

GONTARD.

Oui... je veux que mon gendre ait un état honorable et lucratif; et puis, ce que je donnerai en dot à Flora, six cents écus d'argent!...

RIGOBERT.

Si j'avais tout cela...

GONTARD.

Je te tendrais les bras.

RIGOBERT.

Vous me les tendrez.

SATURNUS.

Me les tendriez-vous pareillement, si j'avais...?

GONTARD.

Oui.

SATURNUS.

Vertubœuf! c'est à moi que vous les ouvrirez vos vertueux bras.

GONTARD.

Comment ! jeune présomptueux, vous espérez réaliser... Mais il vous faudrait un grand nombre d'années...

RIGOBERT.

Il ne me faut qu'une minute peut-être... à moins qu'il n'y ait du retard, ce qui est possible... Tenez, pour me mettre à mon aise, promettez-moi de ne disposer de votre fille que dans trois mois, à dater de ce jour, et de me l'accorder si avant l'expiration du trimestre j'arrive avec les écus et l'état exigés.

SATURNUS.

Faites-moi la même promesse.

GONTARD.

J'y consens, par curiosité.

SATURNUS.

Le premier arrivé sera votre gendre.

GONTARD.

C'est convenu.

RIGOBERT.

Alors, vous serez mon beau-père.

SATURNUS.

Je serai votre beau-fils.

RIGOBERT.

Tu es trop laid, mon cher !

SATURNUS.

Vertubœuf! les calembourgs ne prouvent rien.

GONTARD, *en sortant par la droite.*

Je voudrais bien savoir ce que vont faire ces deux gaillards-là.

SCENE IV.

RIGOBERT, SATURNUS.

RIGOBERT, *à part.*

Que vais-je entreprendre ?

SATURNUS, *à part, en s'asseyant sur le banc près de la maisonnette.*

Six cents écus ! .. vertubœuf! que c'est cher !

RIGOBERT, *de même.*

Si je me lançais dans la chicane... Non, c'est lucratif, mais pas assez honorable.

SATURNUS, *de même.*

J'ai ouï parler d'un nommé Ribouillard, qui, en vendant des peaux de lapins, avait amassé pas mal de bien... Oh! mais il a mis quarante-six ans!...

RIGOBERT, *de même.*

Militaire!... c'est un bel état, très-honorable; mais pas assez lucratif... J'aurais beau réussir, la richesse ne viendrait pas.

SATURNUS, *de même.*

Il y a des pâtissiers qui sont très-opulens... Peut-être qu'en faisant beaucoup de boulettes et de brioches... Non ; cette industrie ne me procurerait pas six cents écus en trois mois... car je n'ai que trois mois pour devenir six-cent écutaire.

RIGOBERT, *de même.*

Médecin !... La médecine est une carrière honorable et lucrative... Je serai médecin.

SATURNUS, *de même, avec rage.*

Vertubœuf de vertubœuf! je ne trouve rien de bon !

RIGOBERT, *de même.*

Que faut-il pour être médecin? l'air grave, le ton tranchant, des phrases hérissées de grec et de latin, la démarche pesante, un vêtement d'une couleur sombre, et quarante ans au moins... J'aurai tout cela facilement... Je me servirai de l'héritage de mon oncle... Je mettrai sa grande robe noire, sa perruque et son bonnet pointu... ça me vieillira considérablement... Est-ce tout ce qu'il faut à un docteur?... Heu... heu... il faut de la science... j'en suis dénué; mais tant de médecins s'en passent... Je m'en passerai aussi... La science, ça ne se voit pas... J'aurai le principal, ce qui saute aux yeux, le maintien, le costume et le langage... J'ai mon affaire !

Il se dirige vers sa maison.

SATURNUS, *haut en traversant la scène.*

Vertubœuf! je continue à ne rien trouver!

RIGOBERT, *avec douceur.*

Saturnus, nous avons été élevés ensemble... J'ai pour toi une vive affection... Je vais gagner des monceaux d'or... Suis-moi; je tâcherai de t'employer... Cesse d'être mon rival, et redeviens mon ami.

SATURNUS, *d'un ton dramatique.*

Jamais! rien que de la haine entre nous! une montagne de haine !

RIGOBERT.

A ton aise; reste dans l'ornière. (*A part.*) Allons nous déguiser.

Il entre dans la maisonnette.

SATURNUS, *seul.*

O saint Hubert! toi qui as fait tant de miracles, daigne m'illuminer!... Je te prierai jusqu'à ce que tu m'aies envoyé une bonne idée!

Il entre dans la chapelle.

SCENE V.

LE CHEVALIER DE SAINT-PONS, *puis* LE COMTE.

LE CHEVALIER, *lisant une lettre et entrant par la gauche.*

« Allez m'attendre au carrefour de la Cha-» pelle. » (*Parlé.*) C'est bien ici. (*Lisant.*) « J'ai » un prétexte pour me rendre en cet endroit. Le » grand duc veut remercier saint Hubert de la » bonne chasse qu'il lui aura octroyée... Je » suis chargé de veiller aux apprêts de la céré-» monie. »

LE COMTE, *entrant par la droite.*

Je vous félicite, monsieur de Saint-Pons; vous avez quitté la chasse fort adroitement... Tout le monde a cru que votre cheval s'emportait.

LE CHEVALIER.

Vous êtes bien bon, monseigneur.

LE COMTE.

Nous n'avons pas de temps à perdre. Vous m'avez écrit que vous aviez réussi; que vous possédiez maintenant toute la confiance du marquis d'Arcano.

LE CHEVALIER.

Oui, monseigneur; il a daigné se confesser complètement à son secrétaire très-humble.

LE COMTE.

Connaissez-vous tous ses secrets ? pouvez-vous me dire enfin pourquoi cet homme est sans cesse de mon avis, pourquoi il soutient même mes mensonges, lorsqu'il s'agit d'éviter au prince la moindre distraction?

LE CHEVALIER.

Vous suiviez tous les deux la même route, parce que tous les deux vous marchez vers le même but.

LE COMTE.

Vous ne vous étiez donc pas trompé! le marquis veut avoir la tutelle du jeune duc?

LE CHEVALIER.

Oui, monseigneur; et pour avoir plus tôt la régence, il emploie les mêmes moyens que vous...

LE COMTE.

Je conçois à présent.

LE CHEVALIER.

Comme vous, il a corrompu le médecin Jéronimo Balbi.

LE COMTE.

Plus bas! monsieur!

LE CHEVALIER.

Et l'habile docteur, au lieu de traiter la maladie de langueur dont le prince est atteint par des distractions, des voyages, par tout ce qui pourrait guérir, a prescrit, au contraire, le repos et la solitude, afin que la maladie de langueur devînt une maladie incurable, mortelle!... une maladie de consomption enfin !

LE COMTE.

Et le misérable Jéronimo Balbi a-t-il appris au marquis que...

LE CHEVALIER.

Non; Jéronimo Balbi a été discret... seulement,

pour qu'on ne tentât pas de se débarrasser de lui après la mort de Charles-Emmanuel, il a exigé de M. d'Arcano une lettre dans laquelle sa complicité fût bien établie.

LE COMTE.

Le vieux renard a pris avec moi la même précaution.

LE CHEVALIER, *à part.*

Voilà ce que je désirais savoir.

LE COMTE.

Ma conduite doit étonner le marquis ?

LE CHEVALIER.

Beaucoup, monseigneur... il soupçonne la vérité.

LE COMTE.

Il faut que je le renverse sans plus tarder.

LE CHEVALIER.

Il veut vous rendre le même service... Oh ! vous aurez de la peine à le vaincre ; car Charles Emmanuel l'aime et l'estime.

LE COMTE.

Il me le préfère, je le sais ; mais peu m'importe ! j'en ai déraciné de plus puissans... Le prince avait beaucoup d'estime et d'affection pour M. le comte de Nanta ; et pourtant, grâce à moi, il l'a exilé. Pauvre comte, il ne me craignait pas, et se croyait bien fort de sa vertu et de sa popularité. Rien ne résiste à l'intrigue.

LE CHEVALIER.

Le fils avait juré de réhabiliter son père.

LE COMTE.

Oui, ce jeune godelureau, élevé à la cour de France, venait à Chambéry pour y soulever le peuple ; mais j'ai mis à ses trousses des assassins qui l'ont tué dans la bonne ville de Genève.

LE CHEVALIER.

C'est juste ; j'avais oublié...

LE COMTE.

Malheur à qui ose lutter avec moi !... le petit marquis croulera, n'en doutez pas. Je l'ébranlerai d'abord avec le ridicule... Oui, Charles-Emmanuel désire changer de régime, je lui laisserai un instant de répit ; ma docilité le flattera... Il demande un fou... je lui en donnerai un, mais un fou véritablement gai, cette fois, et dont tous les sarcasmes, toutes les plaisanteries seront dirigés contre M. d'Arcano. On cesse d'admirer un homme quand on rit à ses dépens. Le bouffon creusera la mine, et moi, je la ferai éclater au moyen d'un bon gros péché que vous découvrirez facilement dans les affaires du marquis, car vous possédez toute sa confiance.

LE CHEVALIER.

Comptez sur moi.

LE COMTE.

Une fois notre ennemi terrassé, vous prenez sa place ; nous congédions le bouffon, et nous replongeons le prince dans la solitude, le repos, l'ennui.

LE CHEVALIER.

Et si le prince se montrait indocile ?

LE COMTE.

Oh ! cela n'est pas à craindre. Charles-Emmanuel est naturellement superstitieux, hypocondriaque, malade imaginaire ; il a peur de la mort. La langueur, en l'affaiblissant, a exagéré ces défauts, ou plutôt ces qualités... Avec une ordonnance de son médecin et une prédiction de son astrologue, on le rend souple comme un gant.

LE CHEVALIER.

Ah ! j'ignorais...

LE COMTE.

Il s'agit de trouver un fou convenable ; il ne me faut pas seulement un homme spirituel, il me faut un homme dévoué, que je puisse manier à ma guise ; où le prendrai-je ?

LE CHEVALIER.

Séparons-nous ; notre absence serait remarquée.

LE COMTE.

Tâchez de découvrir dans les affaires du marquis le péché en question.

LE CHEVALIER.

Soyez tranquille.

LE COMTE.

Moi, je vais m'occuper du bouffon.

Il sort par le fond.

LE CHEVALIER, *à part.*

Avec l'intrigue on peut tout !... vous avez raison, monseigneur. (*Apercevant le Marquis qui entre par la gauche.*) A l'autre maintenant.

SCÈNE VI.

LE CHEVALIER, LE MARQUIS.

LE MARQUIS.

Vous avez vu le comte... Eh bien ?

LE CHEVALIER.

J'avais deviné... Comme vous, il veut la tutelle du jeune duc ; comme vous, il a corrompu Jéronimo Balbi.

LE MARQUIS.

Sait-il que je suis son concurrent ?

LE CHEVALIER.

Il s'en doute.

LE MARQUIS.

Il fallait le dissuader.

LE CHEVALIER.

J'ai essayé ; mais impossible... Vous le gênez ; il va tâcher de vous perdre par le ridicule d'abord.

LE MARQUIS.

Par le ridicule !... C'est bien imaginé.

LE CHEVALIER.

Il va donner au prince un bouffon dont toutes les plaisanteries seront dirigées contre vous.

LE MARQUIS.

La guerre est déclarée... c'est bien ; mais vous serez le moins fort, monsieur de Cardonelli... Je commencerai par détruire l'effet de votre bouffon.

LE CHEVALIER.

Comment ?

LE MARQUIS.

Avec une favorite.

LE CHEVALIER.

Quelle est la femme?...

LE MARQUIS.

Une petite paysanne que le prince adore.

LE CHEVALIER.

Est - elle adroite?... servira–t–elle bien vos projets?

LE MARQUIS.

Je la connais de vue seulement... Elle occupera Charles-Emmanuel; elle l'empêchera d'écouter les sornettes du bouffon... Je n'en demande pas davantage.

LE CHEVALIER.

Je conçois... et nous examinerons la conduite de ce cher comte; elle n'est pas irréprochable... Nous y découvrirons sans doute une bonne mauvaise action avec laquelle nous le terrasserons.

LE MARQUIS.

Vous me rendrez ce service... Il croit que vous me trahissez... Vous pouvez connaître tous ses secrets: mais il faut enlever la belle : elle se nomme Flora Gontard et demeure à l'entrée de ce village.

Bruit de cor.

LE CHEVALIER.

Le cerf est aux abois.

LE MARQUIS.

Séparons-nous... le prince va venir ici.

LE CHEVALIER.

Je cours exécuter vos ordres.

Le Chevalier sort par la gauche, le Marquis sort par la droite.

SCÈNE VII.

RIGOBERT, *seul.*

Il sort de la maisonnette ; il est vêtu d'une grande robe noire. Il a une perruque grise et un bonnet pointu ; il a des lunettes qui lui pincent le nez, et il tient sous son bras une valise de voyage.

Maintenant, il ne me manque plus qu'un système de médication applicable à toutes les maladies... Chaque docteur a le sien; quel sera le mien?... La saignée, l'eau chaude, la purgation?... Non, rien de tout cela! je ne veux tuer personne, moi... Mon oncle me disait souvent qu'on guérissait plutôt l'imagination que la maladie... je me contenterai de guérir l'imagination... J'administrerai à mes malades une petite poudre bien inoffensive, qui ne leur procurera ni chaud ni froid, et je leur persuaderai qu'elle est très-efficace. S'ils me croient, ils se persuaderont qu'elle calme leurs souffrances... Il n'y a que la foi qui sauve; elle les sauvera... Ainsi, je suis guérisseur d'imagination... voilà mon système... Avec quoi composerai-je ma poudre?... Je suis bien bête de me casser la tête!... Du plâtre fera parfaitement mon affaire : pris en petite quantité, ça ne peut pas nuire... et c'est peut-être capable

de guérir, qui sait?... (*Il gratte la muraille de la maisonnette, et reçoit le plâtre dans une bourse.*) Maintenant, il ne me manque plus que des malades...Quel est ce bruit?.. un détachement de la garde du prince vient de ce côté... Bonnes pratiques, ma foi ! les militaires sont ordinairement doués de rhumatismes et d'autres infirmités... Je vais faire sur eux mon apprentissage.

Il s'assied sur le banc et prépare ses paquets de plâtre.

SCÈNE VIII.

RIGOBERT, UN SERGENT, DES SOLDATS,
entrant par la droite; puis SATURNUS.

LE SERGENT.

Ce n'était pas la peine de nous déranger... L'assemblée n'est pas considérable. (*Aux soldats.*) Voyez s'ils sont plus nombreux dans la chapelle.

Quelques soldats entrent dans la chapelle.

RIGOBERT, *à part.*

Ruminons bien notre amorce.

LE SERGENT, *aux soldats.*

Autrefois, du temps de M. le comte de Nanta, le peuple était heureux: aussi, lorsque Charles-Emmanuel venait après la chasse remercier saint Hubert, la foule était tellement grande ici, que, pour la contenir, nous attrapions tous une courbature... Nous n'attraperons rien aujourd'hui.

RIGOBERT, *à part.*

J'attraperai votre argent, moi... Hum! hum!

SATURNUS, *chassé de la chapelle par les soldats.*

Encore un petit moment !

RIGOBERT.

Diable! Saturnus me gêne... Il reconnaîtra ma voix et me dénoncera... Que faire?

SATURNUS, *à part.*

Saint Hubert a été sourd à mes prières ; j'ai pourtant récité soixante-trois *Pater* !..: Peut-être qu'au soixante-quatrième il aurait répondu; mais... et Rigobert... oh !

RIGOBERT, *à part.*

Je vais parler allemand... L'Allemagne est le pays de la science. (*Haut.*) Prafes soldats, le Brofitence m'enfoye fers fous; che zouis le safant tocteur Colfachiterfeldmer. (*A part.*) Je ne me rappellerai jamais mon nom. (*Haut.*) Chai regueilli sur le plis haut montagne de l'Asie des simples brécieux, afec lesquels chai gombosé un poutre qui enlèfe tous les touleurs, tous les malaties. (*A part.*) Je parle allemand comme père et mère !... (*Haut.*) Ce poutre sans bareille, il a guéri le soultan d'Égypte d'une hydrobysie époufandaple, et le roi de France d'un gros golique.

LES SOLDATS.

Vraiment ?

RIGOBERT, *à part.*

Ils commencent à mordre; amorçons toujours. (*Haut.*) Ce poutre incombaraple, il a guéri tous les souferains di monde... Mais che ne me gontente bas, comme la plipart de mes gonfrères, te soigner seulement les buissans de la derre... che feux que les baufres ils brofitent aussi de mon dégouferte.

LES SOLDATS.

Voilà un brave homme!

RIGOBERT.

Gui est-ce gui est malate?

LES SOLDATS.

Pas moi... ni moi.

RIGOBERT, *à part.*

Que le diable les emporte!... Oh! il faut qu'ils avalent tout de même la pilule... (*Haut.*) Bersonne n'est malate; tant mieux... car mon poutre il a sur les gens pien portans un vertu brotigieux!... Il les rend invulnérables.

LE SERGENT.

Invulnérables!

RIGOBERT.

Foui; il solitifie les muscles, le sang; il turcit tout le gorps; si pien, que guand on en a bris seulement un bincée, on est à l'ébreuve de l'ébée, du lance, du balle... rien n'est cabaple de fous endamer; on est plis tur que di fer.

LES SOLDATS.

Vraiment?

RIGOBERT.

Tu moment gu'on ne beut bas être plessé, on est invinciple... C'est très-gommode bour les soldats.

SATURNUS.

C'est très-commode pour tout le monde; mais, vieux savant, êtes-vous bien sûr?...

RIGOBERT.

Che fais fous citer un exemple... Il y a trois mois, à Baris, chai ortonné à ma guisinier d'agommoter un tinton qui afait afalé de mon poutre... La marmiton il a bris le foladile, et afin de lui trancher le gou, l'a étentu sur son taple... Il eût goubé blus facilement un gaillou... Abrès afoir gassé teux coudeaux, il a saisi un gouberet, et il a frabbé de tout son force; mais la taple s'est fenduc, et le tinton s'est saufé sans une écratignure... Chamais on a bu le fricasser.

SATURNUS.

C'est sublime! étourdissant!... Combien vendez-vous votre poudre?

RIGOBERT.

Aux grands seigneurs, mille écus le baguet; à fous, tix sous seulement.

SATURNUS.

Je ne possède que cela; tenez... Oh! quel service vous me rendez!... Figurez-vous que j'ai un ennemi mortel... un nommé Rigobert... Il se bat à tout, le fanfaron, même à l'épée, et me défie sans cesse en m'appelant lâche... mais, misérable, je n'étais lâche que parce que j'avais peur d'être blessé... Maintenant que je n'ai plus rien à craindre, tu vas voir que je suis plein de brayoure... Oh! tu n'es pas blanc!...

RIGOBERT.

Fous le pourfentrez!

SATURNUS.

Je l'exterminerai!... Vieux savant, je vous adore, permettez que je vous embrasse. (*Il fait tomber les lunettes de Rigobert en le serrant dans ses bras; il les ramasse, et en les lui remettant.*) Oh! trois cents pardons! excusez-moi! (*A part en reculant, étonné.*) Vertubeuf! comme il ressemble à Rigobert!

RIGOBERT.

Allons, brafes querriers, achetez mon poutre, et fous defiendrez tous capitaines, généraux!

LE SERGENT.

C'est vrai, parbleu! donnez-moi un paquet.

TOUS LES SOLDATS.

A moi aussi! moi aussi!

Tous les soldats entourent Rigobert, qui leur distribue son plâtre.

SATURNUS, *à part.*

Si c'était Rigobert? L'intrigant est capable...; oh! sans lunettes, c'est Rigobert tout craché.

PLUSIEURS SOLDATS, *à Rigobert.*

A mon tour! à mon tour!

RIGOBERT.

Il n'y a blus de boutre tans mon pourse, mais mon falise il en être remplie.

Il prend sa valise qu'il a laissée sur le banc et s'approche de la maisonnette.

SATURNUS, *à part.*

Cette valise appartient à Rigobert, je la remets parfaitement.

RIGOBERT, *se baissant et feignant d'ouvrir la valise; aux soldats qui l'entourent.*

Eloignez-vous mes amis... chai là un boudeille d'essense; si il gassait, fous seriez tous asphyxiés!

Les soldats s'éloignent, Rigobert gratte le mur.

SARURNUS, *à part, en s'avançant vers Rigobert.*

Rigobert a un radis rouge sur le col, tâchons de découvrir ce signe... le voici... (*Il s'aperçoit que Rigobert gratte la muraille.*) Oh! le scélérat!

RIGOBERT, *à part.*

Je tiens mon accident! il est impossible de mieux réussir... Et Saturnus qui... ah! ah! ah!

Il rit.

Pendant cet aparté, Saturnus dénonce Rigobert au Sergent.

LE SERGENT, *à Saturnus.*

Ah! le gueux! Voici justement le grand prévôt.

Il raconte l'affaire au grand Prévôt, qui entre par la droite.

RIGOBERT, *se relevant, aux soldats.*

Si fous safiez, mes amis, tous les beines que chai eues bour gomboser ce poutre; le montagne il était si élefée que j'afre mis teux mois pour le grafir.

Pendant cette réplique, le grand Prévôt a regardé la muraille.

LE GRAND PRÉVOT, *à Rigobert.*

Je veux avoir une preuve de l'efficacité de votre poudre... prenez-en.

RIGOBERT.

Chen ai afalé ce matin.

LE GRAND PRÉVOT.

Alors, nous allons voir si elle rend invulnérable. Sergent, passez votre sabre au travers du corps de monsieur!

RIGOBERT, *se sauvant épouvanté.*

Un instant... che vous ai dit que mon poutre

il rendait infulnéraples les gens bien bortans...
che suis malade, moi... chai un gros rhume, (*Il
tousse.*) Quant mon poutre m'aura quéri.

LE GRAND PRÉVOT.

Je ne crois pas que du plâtre puisse te guérir,
je vais t'appliquer un remède plus certain.

RIGOBERT, *à part.*

Je suis découvert!... la brisure de mon cœur
n'était pas mon bon accident.

LE GRAND PRÉVOT.

Les charlatans de ton espèce pullulent aujourd'hui... leurs drogues commettent trop d'ho-
micides... il faut un exemple! Qu'on pende ce
larron.

RIGOBERT, *se sauvant à droite.*

Pendu! pendu!... oh! cela n'en vaut pas la
peine.

LE GRAND PRÉVOT.

Tu ne parles donc plus allemand.

RIGOBERT.

Ecoutez-moi, de grâce!

LE GRAND PRÉVOT.

Je t'accorde cinq minutes pour faire tes prières.

RIGOBERT, *à part.*

Pendu! mon oncle s'est donc trompé... mais
non...quoi de plus fatal que la pendaison?...Oh!
je tiens mon accident, c'est le bon... je ne mourrai pas... quelque chose surviendra.

SATURNUS, *à Rigobert, d'un ton triomphant.*

Tu devais m'écraser, fanfaron.

RIGOBERT, *sautant tout joyeux.*

Je suis plus puissant que jamais! tremble!

LES SOLDATS, *entraînant Rigobert.*

Allons, vendeur de plâtre.

UN HÉRAULT, *entrant par le fond.*

Place au grand duc!

SATURNUS.

Le grand duc!

~~~~~~~~~~~~~~~~~~~~~~~~~~~~~~~~~~~~~~

SCENE IX.

LES MÊMES, LE DUC, LE MARQUIS, LE
COMTE, SEIGNEURS, PAGES, PIQUEURS, *entrant par le fond.*

LE COMTE.

Pourquoi ce tumulte?

LE DUC, *d'un ton soucieux.*

Qu'y a-t-il?

RIGOBERT, *au comble de la joie.*

Il y a, monseigneur, qu'on veut me faire danser
une sarabande à six pieds du sol.

Il danse.

LE DUC.

On veut te pendre!

RIGOBERT, *se frottant les mains.*

Parfaitement! parfaitement!

LE DUC, *étonné.*

Il rit, Dieu me pardonne... Tu es donc content?

RIGOBERT.

Content n'est pas le mot, c'est enchanté qu'il
faut dire... oh! oui, je suis enchanté... d'abord,

parce que cela m'arrange, et puis, parce que je
pourrai me flatter d'avoir contribué à la béatitude
terrestre et céleste de monseigneur...

LE DUC.

Comment?

RIGOBERT.

Je fournis à votre altesse l'occasion de faire une
bonne action, et une bonne action rend le cœur
joyeux sur cette terre de misère, et nous est comp-
tée dans le ciel!

LE DUC.

Quelle est cette bonne action?

RIGOBERT.

C'est ma grâce, que monseigneur est libre de
m'accorder.

LE DUC, *riant.*

Et tu crois que je te l'accorderai?

RIGOBERT.

Je n'en doute pas.

LE DUC, *criant.*

Tu t'abuses.

SATURNUS, *à part.*

Je respire!

RIGOBERT.

J'en suis désolé pour votre altesse seulement;
car pour moi... je suis sûr de mon affaire... je ne
mourrai pas; si je ne vous dois pas mon salut,
je le devrai à la Providence... la corde cassera.

LE DUC.

C'est ta conviction...

RIGOBERT.

Intime.

LE DUC.

Je suis curieux de voir ce prodige, essaie.

RIGOBERT, *aux soldats, en chantant.*

Marchons, braves guerriers, marchons!

LE DUC.

Quelle audace!... comment, tu oserais...?

RIGOBERT.

Parbleu!

[LE DUC.

Il faut que tu te croies bien fort de ton inno-
cence.

RIGOBERT.

Je m'en crois fort... comme un turc.

LE DUC, *riant.*

De quel délit t'accuse-t-on?

RIGOBERT.

J'ai vendu du plâtre aux soldats de votre altesse.

LE DUC.

Il était donc mauvais, ce plâtre?

RIGOBERT.

Excellent, au contraire...pour bâtir...ou plutôt
pour avoir bâti; mais je lui attribuais la vertu de
rendre invulnérable.

LE DUC.

Nous y voilà, maraud.

SATURNUS.

Et il parlait allemand, le scélérat!

RIGOBERT.

Le langage ne signifie rien, j'eusse parlé chi-
nois...
~~~~~~~~~~~~~~~~~~~~~~~~~~~~~~~~~~~~~~

LE DUC.

Tu as raison, le principal est la friponnerie.

RIGOBERT.

Friponnerie ! non ; supercherie, oui ; mais supercherie sublime... (*avec emphase*) si l'on ne m'avait pas découvert, quel beau résultat j'eusse obtenu ! Convaincus qu'ils ne pouvaient pas être blessés, qu'ils étaient invincibles, vos soldats se précipitaient sur l'ennemi, avec une ardeur, une intrépidité homériques, rien ne leur résistait, ils conquéraient tous les pays connus... Les limites de la Savoie ne s'arrêtaient qu'aux confins du monde... je faisais votre altesse plus grande que César, plus grande que Charlemagne. Ma parole d'honneur, je trouve que c'était gentil... Je demande une couronne civique, un brevet d'invention.

LE DUC, *au Comte, en riant.*

Un homme capable de rire ainsi au pied de la potence est un homme bien gai. (*A Rigobert.*) Je t'accorde ta grâce.

RIGOBERT.

J'en étais sûr.

SATURNUS, *à part.*

Vertubœuf ! si je n'étais pas sensible des cheveux, je me les arracherais par poignées.

LE DUC, *à Rigobert.*

Mais je veux que tu cesses de débiter du plâtre et que tu embrasses une autre profession.

RIGOBERT.

J'embrasserai tout ce que vous voudrez ; je suis certain maintenant de réussir dans tout ce que j'entreprendrai. Monseigneur désire-t-il que je sois général ?

LE DUC.

Je ne puis te répondre qu'en te nommant mon fou ; tu continueras de m'égayer par tes lazzi.

RIGOBERT.

Alors, je serai mieux que général, je serai roi.... des fous.

LE COMTE, *à part.*

Ceci bouleverse mes projets... non...

Il parle bas au Duc.

RIGOBERT, *à Saturnus.*

Je suis lancé à la cour ; dame Fortune, je te tiens !

SATURNUS, *à part.*

Je suffoque !

LE DUC, *répondant au Comte.*

Pardieu, oui, l'idée est bonne ! (*A Rigobert.*) Tes appointemens seront de cinq cents écus par an ; tu seras logé dans mon palais, et tu auras un valet à tes ordres ; mais retiens bien ces paroles : je te sauve de la corde parce que tu m'as fait rire, et pour que tu me fasses rire encore... si tu t'avises de devenir maussade un seul instant, je te renverrai...

RIGOBERT.

A la potence !

LE DUC.

Tu as deviné.

LE COMTE, *à part, en regardant Rigobert.*

Maintenant, je suis maître de cet homme !

RIGOBERT, *à part.*

Forcé d'être drôle sous peine de mort... oh ! cela m'est égal, j'ai mon accident !

LE DUC, *détachant sa chaîne d'or, et la jetant à Rigobert.*

Quand je suis content, je récompense bien... tâche que la source de ta gaieté ne s'épuise pas.

RIGOBERT.

Avec de pareilles rosées, elle sera intarissable. (*A Saturnus.*) Cette chaîne vaut au moins six cents écus... j'ai la somme et l'état exigés, Flora est à moi... Qu'en dis-tu, Saturnus ?

SATURNUS, *à part.*

Vertubœuf ! je l'égorgerais si j'osais ; mais je suis trop bon, je n'ose pas... Oh ! une idée ! (*Haut, à Rigobert, avec une grande humilité.*) Tu avais raison, grand homme, il m'est impossible de lutter avec toi. Tu m'as proposé de m'attacher à ta personne... tu as le droit d'avoir un valet à tes ordres, je sollicite cette place.

RIGOBERT.

Oh ! mon cher, tu ne peux pas être mon domestique.

SATURNUS.

Pourquoi pas ? Tu refuses ?

RIGOBERT.

Non, si tu y tiens absolument.

SATURNUS.

J'y tiens. (*A part.*) C'est pour consommer ta ruine, brigand, que je m'attache à tes pas.

LE CHEVALIER, *entrant par la gauche, bas au Marquis.*

A la nuit close, on enlèvera cette jeune fille.

LE MARQUIS.

C'est bien ! (*A part.*) Je ne crains plus votre bouffon, monsieur le comte.

LE COMTE, *à part.*

Pauvre marquis, il ne se doute pas du tour que je vais lui jouer.

LE CHEVALIER, *à part.*

Je vous tuerai l'un par l'autre, misérables, et je sauverai le prince.

LE DUC.

Messieurs, le chapelain nous attend.

RIGOBERT, *s'avançant vers le Chevalier.*

Mais, je ne me trompe pas...

LE CHEVALIER, *bas à Rigobert.*

Silence ! je me nomme le chevalier de Saint-Pons, ici.

Le rideau tombe pendant que l'on entre dans la chapelle.

FIN DU PREMIER ACTE.

ACTE DEUXIEME.

Un salon gothique du palais ducal de Chambéry : une porte au fond, deux portes à droite, une seule à gauche ; une table à droite ; un prie-dieu au fond. Plusieurs fauteuils.

SCENE PREMIERE.

RIGOBERT, SATURNUS.

RIGOBERT, *assis devant la table, et cachetant une lettre qu'il vient d'écrire.*

Le premier de ces deux hommes noirs qui viennent d'entrer chez le prince est Carlino l'astrologue, l'autre est Jéronimo Balbi le médecin. Dès que son altesse a les yeux ouverts, elle reçoit ces deux savans personnages; après eux, le comte de Cardonelli et le marquis d'Arcano; ensuite les courtisans subalternes. On m'a appris cela hier soir. Quel accueil bienveillant on m'a fait! chacun s'empressait de m'offrir ses services... Mais tu as l'air soucieux, Saturnus, qu'as-tu?

Il se lève.

SATURNUS.

Moi! rien... je te... je vous jure.

RIGOBERT, *étonné.*

Tu ne me tutoies plus.

SATURNUS.

Non, cela n'est pas convenable, je suis ton... votre valet.

RIGOBERT.

Tu es et tu seras toujours mon ami.

SATURNUS, *à part, d'un ton satanique.*

Ton ami!... ah! ah! ah! vertubeuf! je t'en souhaite.

RIGOBERT.

Je ne suis pas de ceux que la prospérité change.

SATURNUS.

Je n'en doute pas.

RIGOBERT.

Je ne prise les richesses dont le destin m'accable que parce qu'elles assurent mon mariage avec Flora. J'ai écrit au père Gontard; mais ma fiancée serait furieuse, si elle ne recevait pas quelques lignes de moi. Cherche un messager et paie-le généreusement pour qu'il porte cette lettre à Chameillan.

Il donne la lettre qu'il vient de cacheter à Saturnus.

SATURNUS.

Qu'annonces-tu... qu'annoncez-vous à Flora?

RIGOBERT.

Que je l'aime plus que jamais et que notre noce aura lieu demain.

SATURNUS, *à part.*

Demain!... oh! non, entre toi et Flora, il y a un mur, et ce mur, c'est moi. Ton poulet n'arrivera pas à son adresse, je l'étouffe à jamais dans ma poche.

Il met la lettre dans sa poche.

SCENE II.

LES MÊMES, LE COMTE, *entrant par la première porte à droite.*

LE COMTE, *à Rigobert.*

Je veux te parler, bouffon.

RIGOBERT.

Un siége, Saturnus!

SATURNUS, *avançant un fauteuil.*

Vous êtes servis.

LE COMTE.

Laisse-nous!

SATURNUS, *à Rigobert.*

Si tu... si vous avez besoin de moi, tu... vous sonnerez, maître. (*A part.*) Tel qu'un serpent, je rampe pour mieux le dévorer.

Il sort par le fond.

LE COMTE, *s'asseyant.*

Tu me dois la place que tu occupes; c'est moi qui ai conseillé au duc de te prendre à son service.

RIGOBERT.

Oh! monseigneur, ma reconnaissance sera éternelle.

LE COMTE.

Je vais la mettre à l'épreuve. Voici ce que j'attends de toi. Tu connais le marquis d'Arcano?

RIGOBERT.

Oui, monseigneur.

LE COMTE.

Eh bien! il faut diriger contre lui toutes tes plaisanteries, l'accabler sans relâche de tes sarcasmes les plus amers.

RIGOBERT.

Mais de quelle manière?

LE COMTE.

Oh! cela te regarde. Aie de l'esprit; c'est ton état... critique sa tournure, sa voix, son costume, sa démarche, ses actions, critique tout en lui, rends-le ridicule enfin.

RIGOBERT.

Pourquoi donc?

LE COMTE.

Que t'importe? contente-toi d'obéir. Si tu me sers fidèlement, je te récompenserai; si tu fais mal ton devoir, ou si tu me trahis, ta vie est entre mes mains... J'oubliais de te dire que c'est encore moi qui ai conseillé au prince de te renvoyer à la potence aussitôt que tu deviendrais maussade. Tu avais peut-être pris cela pour une plaisanterie... détrompe-toi, mon cher, rien n'est plus sérieux.

Charles-Emmanuel ne t'a gracié que parce que tu l'as fait rire; du moment où tu cesseras de l'égayer, il sera implacable, et tu cesseras quand je le voudrai.

RIGOBERT.

Ah! bah!

LE COMTE.

Charles-Emmanuel est faible; il suit volontiers l'impulsion qu'on lui donne : je lui ai dit que tu étais plein d'esprit, et il m'a cru; si je lui dis le contraire, il me croira encore. Quand je parle, ma voix est soutenue, elle a de l'écho... Hier la cour a applaudi tous tes bons mots, qui, entre nous, ne méritaient pas un grand succès.

RIGOBERT.

Oh! ils n'étaient pas mal.

LE COMTE.

La cour les a applaudis avec enthousiasme; elle agissait d'après mes ordres : je la gouverne à ma guise. Le rire est communicatif; son altesse a beaucoup ri; mais l'ennui est également communicatif... or, si j'ordonne à la cour de te trouver insipide et de le crier partout, tu comprends?...

RIGOBERT.

Très-bien! très-bien!

LE COMTE.

Tu me serviras, n'est-ce pas?

RIGOBERT.

De tout mon cœur.

LE COMTE.

Le marquis te menacera sans doute; mais que son courroux ne t'inquiète pas... le privilége des fous est d'avoir la parole libre; le prince seul a le droit de se fâcher et de punir. A bientôt!

Il sort par la gauche.

SCENE III.

RIGOBERT, puis LE MARQUIS.

RIGOBERT, seul.

Est-ce que je ne tiendrais pas mon bon accident? mes affaires devraient marcher comme sur des roulettes , tandis que... il me semble pourtant que j'ai eu tout ce qu'on peut désirer de plus fatal, à moins d'être pendu tout-à-fait. Mon oncle se serait-il trompé?... la mort qui planait sur lui avait peut-être déjà paralysé son intelligence... Oh! je serai fidèle au comte.

LE MARQUIS , à part, en entrant par la deuxième porte à droite.

M. de Saint-Pons n'est pas encore de retour... aurait-il échoué?

RIGOBERT, à part.

Ma victime!

LE MARQUIS, à part.

Sans cette femme je ne puis combattre le bouffon... gagnons-le. (Haut.) Tu dois débiter sur mon compte une foule d'impertinences...

RIGOBERT.

Oh! monseigneur, soyez persuadé...

LE MARQUIS.

Il est inutile de nier; je sais tout... Combien M. de Cardonelli paye-t-il tes services ?

RIGOBERT.

Rien.

LE MARQUIS.

Tu mens... Le comte est un ladre... Je quintuple la somme qu'il t'a donnée ou promise, si tu veux me laisser en repos et le battre en brèche, lui.

RIGOBERT.

Le trahir!... impossible!

LE MARQUIS.

Est-ce ton dernier mot?

RIGOBERT.

Certainement.

LE MARQUIS.

Prends garde! réfléchis encore...

RIGOBERT.

Je n'ai qu'une parole.

LE MARQUIS.

Tu te repentiras de ne pas avoir accepté ma proposition.

RIGOBERT.

Les fous ont la parole libre.

LE MARQUIS.

Oh! c'est un défi... je l'accepte... Moi aussi, je n'ai qu'une parole, et je jure que tu mourras!... Le prince t'a dit qu'il te renverrait à la potence dès que tu cesserais de le faire rire... j'avais oublié cela; mais je me souviens maintenant. Je m'arrangerai de manière à ce que, en dépit de toutes tes bouffonneries, le prince ne puisse pas rire... Tu verras !

Il sort par la gauche.

SCENE IV.

RIGOBERT, LE CHEVALIER.

RIGOBERT, à part.

Diable! diable! mais s'il se sert du moyen dont l'autre me menaçait, et si mon oncle s'est trompé, ce qui me paraît de plus en plus probable...

LE CHEVALIER, entrant par le fond.

Tu es dans une situation embarrassante, périlleuse même.

RIGOBERT.

C'est précisément ce que j'allais dire.

LE CHEVALIER.

Le marquis est un ennemi redoutable; il remuera ciel et terre pour tenir le serment qu'il t'a fait, car son orgueil est en jeu.

RIGOBERT.

Alors, je sens furieusement la corde !

LE CHEVALIER.

Je n'ai pas oublié que je te dois la vie... Tu peux compter sur mon dévouement.

RIGOBERT.

J'y compte, saperlotte! j'y compte!

LE CHEVALIER.

La perplexité dans laquelle tu es plongé ne durera pas long-temps; je t'aurai bientôt débarrassé des misérables qui te tyrannisent.

RIGOBERT.

Vraiment?... et comment?

LE CHEVALIER.

Tu m'aideras à les renverser.

RIGOBERT.

Moi ?

LE CHEVALIER.

Oui, notre cause est commune ; je ne dois pas avoir de secrets pour toi ; je vais donc te dire le rôle que je joue ici ; mais bouche close surtout !

RIGOBERT.

Oh ! ne craignez rien.

LE CHEVALIER.

Je suis certain qu'on ne nous espionne pas maintenant ; mais je ne réponds point de l'avenir. (*Il ouvre toutes les portes.*) Dans toutes ces pièces, on ne perd pas le moindre des mots qui se prononcent ici.

RIGOBERT.

Et pour qu'on ne vous entende pas du tout, vous ouvrez les portes... Ce système d'isolement me paraît cocasse !

LE CHEVALIER.

C'est le seul moyen d'éviter les indiscrets : on les voit venir, et on se tait dès qu'ils se présentent.

RIGOBERT.

C'est juste!

LE CHEVALIER.

Au moment où tu me quittais, la première et la dernière fois que je te vis, un des deux bandits que tu avais terrassés se releva... Je le saisis au collet, afin de le conduire chez un magistrat ; mais le drôle implora ma pitié, en me disant que, si je voulais l'épargner, je saurais qui l'avait chargé de m'assassiner... que je pourrais me tenir sur mes gardes... Je consentais, et il me nomma le comte de Cardonelli et le marquis d'Arcano... Je me rendais à Chambéry pour soulever contre eux toute la ville, parce qu'ils avaient fait exiler le comte de Nanta, mon père, par leurs basses manœuvres, leurs infâmes calomnies... Je compris tout-à-coup qu'il m'était impossible de lutter ouvertement contre ces deux hommes ; qu'ils lanceraient contre moi d'autres assassins auxquels je n'échapperais peut-être pas, ou qu'ils m'arrêteraient comme rebelle... Je compris enfin que mon plan était insensé, mal conçu, et je le changeai aussitôt : je résolus de les perdre par l'intrigue... Je pardonnai à mon bravo, et je lui remis cent ducats, en lui ordonnant d'aller annoncer à ceux qui avaient armé son bras que j'avais cessé de vivre... Il jura de m'obéir, partit, et fut fidèle à son serment... Je me fis appeler le chevalier de Saint-Pons ; je veillai à ce que la nouvelle de ma mort se répandît partout, et quand elle fut bien accréditée, je vins à Chambéry... J'étais complètement inconnu à la cour de Charles-Emmanuel ; je l'avais quittée à l'âge de quinze ans, pour servir sous les ordres de mon oncle, le duc de Chinon, maréchal de France... Je me présentai donc sans crainte au comte de Cordonelli, et je lui offris mes services. Il les accepta, m'employa d'abord à des travaux secrets de peu d'importance ; puis il m'en confia de très-graves, puis enfin je devins son confident, son ame damnée... Il m'apprit que tous ses efforts tendaient à la régence du duché, et ne me cacha pas les infamies qu'il commettait pour satisfaire plus vite son ambition... Je lui fis remarquer que la conduite du marquis était en tous points exactement semblable à la sienne, et qu'il me paraissait probable qu'il désirait atteindre le même but. **M.** de Cardonelli partagea mon opinion, et me dit qu'il découvrirait par moi ce mystère, qu'il s'arrangerait de manière à ce que le marquis m'attachât à sa personne... Peu de temps après cet entretien, j'étais le secrétaire de **M.** d'Arcano ; j'eus bientôt gagné sa confiance... Il m'avoua qu'il voulait la régence... Je lui fis craindre également que le comte ne fût son concurrent, et je lui dis : Je puis vous éclairer à cet égard... Depuis long-temps **M.** de Cardonelli m'offre de m'acheter vos secrets ; j'ai refusé ses propositions ; mais je vais les accepter... En lui révélant des choses insignifiantes, je l'amènerai sans doute à s'ouvrir complètement à moi... **M.** d'Arcano trouva mon moyen excellent, et m'ordonna de l'employer sans retard... Hier, j'ai appris à ces misérables leur rivalité. En les trahissant ainsi tous les deux, je les ai convaincus de ma fidélité, et j'ai établi entre eux une lutte dans laquelle ils s'enferreront, dans laquelle ils périront l'un par l'autre.

RIGOBERT.

C'est assez adroit ; mais en quoi puis-je vous être utile?

LE CHEVALIER.

Tu les occuperas pendant que j'agirai, tu les empêcheras de contrôler ma conduite.

RIGOBERT.

Est-ce qu'il ne vaudrait pas mieux les dénoncer tout de suite ?

LE CHEVALIER.

Non... il me faut des preuves... je me les serai bientôt procurées.

RIGOBERT.

Oui ; mais en attendant... je leur donnerai une vilaine occupation... ils joueront, l'un à me pendre, l'autre à me dépendre... cela peut devenir nuisible à la langue.

LE CHEVALIER.

Aurais-tu peur?... toi, que j'ai vu si calme, si audacieux au pied de la potence!

RIGOBERT.

Ah ! c'est que je me croyais prédestiné à cette époque.

LE CHEVALIER.

Est-ce que tu crois à l'astrologie ?

RIGOBERT.

Pourquoi pas?... il y en a de plus huppés que moi... le prince, par exemple, ne jure que par son astrologue... je lui parlais hier de la prédiction de mon oncle...

LE CHEVALIER.

Une prédiction !...

RIGOBERT.

Oui... mon oncle a déclaré que je serais très-heureux, à dater du jour où je serais très-malheureux... le prince a voulu savoir si mon oncle s'est trompé, et il a ordonné à maître Carlino de s'occuper de mon horoscope... le vieux savant étudie maintenant ma planète ; mon oncle ne se trompait jamais... pourtant, à vrai dire, je désirerais connaître l'opinion de Carlino... parce que... voyez-vous... on n'a qu'un cou, on y tient, c'est une faiblesse ; mais on y tient... vous comprenez...

LE CHEVALIER.

Pas le moins du monde... mais, sois sans inquiétude : si le danger devenait imminent, je te préviendrais, et je ménagerais ta fuite.

RIGOBERT.

Adopté à l'unanimité ; mais de la prudence, prévenez-moi, je ne suis pas lâche... s'il s'agissait de se défendre à coups d'épée...

LE CHEVALIER.

On vient ! silence... tu ne me connais pas, n'oublie pas ceci.

RIGOBERT.

Et vous, n'oubliez pas que vous devez me prévenir.

SCÈNE V.

LES MÊMES, SATURNUS, *entrant par le fond, puis* **LE DUC, JÉRONIMO BALBI, L'ASTROLOGUE, LE COMTE, LE MARQUIS, PAGES, SEIGNEURS.**

Ils entrent par la gauche.

SATURNUS, *à Rigobert.*

Tu... vous m'avez appelé, maître ?

RIGOBERT.

Non.

SATURNUS.

Tu... vous n'avez besoin de rien ?

RIGOBERT.

Non.

SATURNUS, *à part.*

Malice !... il faut que je sois près de lui pour saisir toutes les occasions de lui nuire... arrivez, occasions ! j'ai soif de le pulvériser...

UN HUISSIER, *entrant par la gauche.*

Messieurs, le grand duc.

BALBI *au duc.*

Oui, monseigneur, je vous le répète : la solitude, l'absence de toutes contrariétés, de toutes émotions violentes, peuvent seules vous rendre la santé. Le repos...

LE DUC, *avec impatience.*

Le repos, le repos ! je suis las de me reposer ; cette chasse d'hier m'a fait du bien... je ne veux plus vous croire...

L'ASTROLOGUE.

J'ai consulté les astres, mon prince... leur langage s'accorde parfaitement avec les prescriptions de Jéronimo Balbi.

LE DUC.

Ah ! c'est différent, maître ! puisque c'est aussi votre avis... (*Aux gentilshommes.*) Vous avez entendu, messieurs, nous ne chasserons pas.

Il s'assied à gauche sur le premier plan.

RIGOBERT, *à part.*

Faites donc rire un homme malade !

Balbi, Carlino, le Comte et les Seigneurs l'entourent.

LE MARQUIS, *bas au Chevalier.*

Vous avez réussi ?

LE CHEVALIER, *de même.*

Oui ; mais cette femme ne vous sera d'aucune utilité, elle est farouche, vertueuse, elle aime éperdument je ne sais quel rustre...

LE MARQUIS, *de même.*

Tant mieux ! le prince sera furieux, la jalousie l'empêchera de rire, et le bouffon sera pendu !... Venez !

LE CHEVALIER, *à part.*

C'est logique... Rigobert a peur, il ne saura pas se défendre... oh ! après tout, il ne m'est pas indispensable...

LE MARQUIS, *bas à Rigobert.*

Je te tiens, mon drôle.

Il sort par la deuxième porte à droite.

LE CHEVALIER, *bas à Rigobert.*

Pars aussitôt que tu le pourras...

Il suit le Marquis.

RIGOBERT, *à part.*

Aussitôt que je le pourrai... mais tout de suite... le danger est imminent.

Il fait quelques pas.

L'ASTROLOGUE, *l'arrêtant.*

Je vais vérifier la prédiction de votre oncle.

RIGOBERT.

Comme il vous plaira...

Il veut sortir.

LE COMTE, *se plaçant devant lui.*

Où vas-tu ?

RIGOBERT.

J'ai besoin de prendre l'air un moment.

LE COMTE.

Impossible ! ton service te réclame ici... dans le cas où tu serais tenté de m'échapper par la fuite, je te préviens que les sentinelles ont ordre de te barrer le passage.

RIGOBERT, *à part.*

Je suis prisonnier ! Et l'autre qui... oh ! mon Dieu !

Pendant ces dernières répliques, les gentilshommes de service, Jéronimo Balbi et l'Astrologue, sortent par le fond. Saturnus se cache au fond derrière le prie-dieu.

LE DUC, *se parlant à lui-même.*

L'ennui est invincible !

LE COMTE.

Non, mon prince, votre fou est prêt à le combattre à outrance...

LE DUC.

Ah ! c'est vrai !

LE COMTE, *bas à Rigobert.*

J'entendrai tout ce que tu diras ; tu connais nos conventions.

Il sort par la première porte à droite.

LE DUC, *d'un ton lugubre.*

Allons, bouffon, fais-moi rire !

RIGOBERT, *tremblant.*

Avec plaisir, monseigneur. (*A part.*) Saint Laurent sur son gril n'était pas plus mal à son aise.

SATURNUS, *à part.*

L'occasion de lui nuire ne se présentera donc pas !

LE DUC.

Eh bien ?

RIGOBERT.

Voilà, monseigneur. (*A part.*) Je ne trouve pas le moindre mot ! Oh ! mon oncle... vous qui ne vous trompiez jamais !

LE DUC.

Est-ce que tu es muet ?

RIGOBERT.

Non, au contraire...

SATURNUS, *à part, en s'avançant vers Rigobert.*

L'occasion est venue... il ne peut pas faire rire... on va le pendre, ah ! ah ! ah quel bonheur !

Il rit tout haut.

LE DUC, *se levant, à Saturnus.*

Pourquoi es-tu là, et pourquoi te permets-tu d'éclater ainsi ?

SATURNUS, *montrant Rigobert.*

C'est que... parce que... il ne peut pas... il est...

LE DUC, *regardant Rigobert dont la figure est bouleversée.*

Tu as raison... quelle piteuse mine !... Ah ! ah ! je conçois... Ah ! ah !

Il se rassied en riant très-fort.

SATURNUS, *à part.*

Comment ! il rit !

RIGOBERT, *à part.*

Il a failli me perdre.

SATURNUS, *à part, en regardant le Duc, qui rit toujours.*

Vertubœuf ! je l'ai tiré d'embarras.

RIGOBERT, *furieux.*

Va-t'en imbécile !

SATURNUS, *à part, en sortant.*

Il m'appelle imbécile encore ! oh ! je le rattraperai plus tard.

Il sort par le fond.

SCENE VI.

LE DUC, RIGOBERT, LE COMTE *caché dans la première pièce à droite.*

LE DUC.

Tu as tort de te fâcher contre ce pauvre diable... sans lui, je n'eusse pas remarqué ta physionomie; elle est très-amusante... mais tu n'as plus que cela pour toi. Tu as vidé ton sac, la source de ton esprit est complètement tarie... tu deviens maussade.

RIGOBERT.

Maussade ! oh ! non ! Que votre altesse me permette de me recueillir un moment, et elle verra.

LE DUC.

J'y consens; mais n'abuse pas de ma patience.

RIGOBERT, *à part.*

Voyons donc, Momus, inspire-moi... Oh ! mon oncle ! il faut pourtant que je dise quelque chose; je ne peux pas m'empêcher de songer au danger qui me menace... Damoclès avait une épée suspendue par un cheveu sur sa tête... moi, j'ai une potence; c'est plus lourd qu'une épée.

LE DUC.

Eh bien ! es-tu prêt ?

RIGOBERT.

Oh ! non, non !... le sage doit tourner sept fois sa langue dans sa bouche avant de prononcer une parole.

LE DUC.

Je désire que ton recueillement ne dure pas plus long-temps.

RIGOBERT.

Vous avez tort, plus il durera, mieux ça vaudra.

LE DUC.

Est-ce une plaisanterie ?

RIGOBERT.

Dam ! si votre altesse était assez bonne pour le prendre comme cela, elle m'obligerait bien.

LE DUC.

Je ne le prends pas... c'est mauvais.

RIGOBERT.

Mais non; c'est naïf, c'est gentil... oui, c'est gentil... voici le développement de ma pensée... Moins on parle, moins on dit de sottises ; je vous assure que ça ne manque par d'un certain sel.

LE DUC.

Possible ! possible ! mais ça ne fait pas rire.

RIGOBERT.

Ah ! monseigneur tient à rire... veut-il que je lui chante quelque chose !

LE DUC.

Non.

RIGOBERT.

Monseigneur n'aime pas la musique... veut-il que je lui danse quelque chose ?

LE DUC.

Non.

RIGOBERT.

Monseigneur n'aime pas le ballet... il préfère peut-être le calembourg ?

LE DUC.

Je l'exècre ! c'est l'esprit des gens qui n'en ont pas.

RIGOBERT, *avec impatience.*

Alors, que voulez-vous donc ?

LE DUC.

Je veux que tu me fasses rire.

RIGOBERT, *à part.*

Rire ! rire ! il ne sort pas de là... J'ai envie de le chatouiller.

Il se dirige tout décontenancé vers la première porte à droite, et aperçoit le Comte qui vient de l'entr'ouvrir.

LE COMTE, *bas à Rigobert.*

Tu oublies le marquis.

RIGOBERT, *à part.*

L'autre maintenant !... tâchons de le contenter... au moins il me défendra; c'est ma seule chance de salut.

LE DUC.

Il paraît que tu te recueilles encore!

RIGOBERT, *regardant le Comte, qui, jusqu'à la fin de cette scène laisse sa porte entr'ouverte.*

Mon Dieu, non!... je pensais à M. le marquis d'Arcano; il est très-ridicule, ce gentilhomme-là.

LE COMTE, *à part.*

Oh! c'est trop brusque.

LE DUC.

Ridicule! pourquoi?

RIGOBERT.

Pourquoi...(*A part.*) Est-ce que je le sais, moi? il faut pourtant justifier... (*Haut, en regardant le Comte.*) Il est ridicule... parce qu'il est ridicule.

LE DUC.

Ce n'est pas une raison.

RIGOBERT.

C'est vrai; je réponds de la sorte afin de vous faire rire.

LE DUC.

Détestable!

LE COMTE, *à part, en regardant Rigobert.*

Continue donc!

RIGOBERT, *timidement.*

Finalement, M. d'Arcano est bouffi d'orgueil; il se croit magnifique, imposant; sa démarche est lourde, son costume, sans grâce; ses actions sont sans dignité, ses... ses...

LE COMTE, *à part, en haussant les épaules.*

Absurde! absurde!

RIGOBERT, *lisant sur la figure du Comte tout son mécontentement, à part.*

Il a raison, je suis miraculeusement stupide... c'est sa faute, que le diable l'emporte!

LE DUC.

Quand on raille, il faut toucher juste; autrement, on n'est qu'un sot.

RIGOBERT.

Attrape!... oh! je ne l'ai pas volé.

LE DUC.

M. d'Arcano est un gentilhomme distingué sous tous les rapports; je te défends d'en dire le moindre mal... tes sarcasmes eussent été logiques s'ils s'étaient adressés à M. de Cardonelli.

RIGOBERT, *avec effroi, en regardant le Comte.*

Au comte!

LE DUC.

Oui, tu l'as dépeint des pieds à la tête.

LE COMTE, *à part.*

Qu'ai-je entendu?... le maladroit! c'est sa faute!

LE DUC.

Pauvre comte, il a certainement de l'esprit, du talent : mais il est ridicule.

RIGOBERT.

Je ne trouve pas.

LE DUC.

Mais je trouve, moi.

LE COMTE, *à part.*

Malédiction!

LE DUC.

Il est vieux et veut faire le jeune homme avec des habits prétentieux et son gros ventre.

RIGOBERT, *à part.*

Gros ventre! Je suis perdu! (*Haut.*) Votre altesse est dans l'erreur.

LE DUC.

Tu oses me contredire, insolent!

RIGOBERT.

Non, monseigneur, au contraire, je suis de votre avis. (*A part.*) Je ne sais plus à quel saint me vouer.

LE DUC, *riant.*

Nicodème m'a conté de bien bonnes histoires sur M. de Cardonelli... je ne puis me les rappeler sans rire... Ah! ah! ah! figure-toi... ah! ah! ah!

Il rit très-fort.

RIGOBERT, *riant aussi, d'un ton forcé.*

Ah! ah! ah! c'est très-plaisant! Ah! ah! ah!

LE COMTE, *entrant, bas à Rigobert.*

Tu m'as trahi, misérable!

RIGOBERT.

Mais non!

LE COMTE, *au Duc.*

Je viens annoncer à votre altesse que le traité d'alliance avec la Toscane est signé.

LE DUC, *se levant et passant à droite.*

C'est une excellente nouvelle.

LE COMTE, *au Duc.*

Votre altesse est-elle toujours contente de son bouffon?... l'a-t-il bien fait rire?

LE DUC.

Non, oh! non!...

LE COMTE.

Votre altesse lui a dit que s'il s'avisait de devenir maussade, elle le renverrait...

RIGOBERT, *au Comte.*

Monseigneur, je vous assure...

LE DUC.

Tu as été très-ennuyeux... j'aurais le droit...

SCÈNE VII.

LES MÊMES, LE CHEVALIER, *entrant par le fond.*

LE CHEVALIER.

M. le marquis d'Arcano m'envoie demander à votre altesse une audience particulière.

LE DUC, *s'asseyant à droite, et examinant des papiers qu'il prend sur la table.*

Dites au marquis que je l'attends.

LE CHEVALIER, *bas au Comte.*

J'ai besoin de vous parler à l'instant même... vous me trouverez dans le pavillon.

LE COMTE.

C'est bien! (*Bas à Rigobert.*) Tu me reverras! toute la cour sera contre toi maintenant.

Il sort par la deuxième porte à droite.

LE CHEVALIER, *bas à Rigobert, en lui donnant un papier roulé sur une clef.*

Lis!

Il sort par le fond.

RIGOBERT, *lisant.*

«A l'entrée de la galerie à droite, derrière la » statue d'Hercule, tu verras en entr'ouvrant la ta- » pisserie un escalier qui conduit dans les sou-

» terrains du palais ; ils aboutissent à la cam-
» pagne. Cette clef ouvre toutes les portes ; elles
» ne sont pas gardées ; pars tout de suite. J'ai
» éloigné le comte. »

LE DUC, *à Rigobert, en posant sur la table les pa-*
piers qu'il vient d'examiner.

Va-t'en, et tâche d'avoir plus d'esprit une autre fois.

RIGOBERT.

Oh ! j'en serai pétri !... une autre fois... pétri
est le mot propre... (*A part, en se dirigeant vers*
le fond.) Si tu me revois jamais, je consens à
être pendu.

Au moment où il va ouvrir la porte.

FLORA, *dans la chambre à gauche.*

Oui, monseigneur, je vous ai compris.

RIGOBERT, *à part.*

C'est la voix de Flora !

LE DUC, *à part.*

Une femme ici !

SATURNUS, *entrant par le fond et se trouvant*
tout près de Rigobert, qui se disposait à sortir.

Le père Gontard te... vous demande.

RIGOBERT.

Flora est avec lui, n'est-ce pas ?

SATURNUS.

Nullement !

RIGOBERT, *à part.*

Je me suis trompé alors... pourtant c'est
étrange... Oh ! je vais causer une minute avec le
père Gontard... je décamperai après.

Ils sortent par le fond.

SCENE VIII.

LE DUC, FLORA.

LE DUC, *à part.*

Une femme a parlé là... j'en suis sûr... qui
donc ?... (*Il ouvre la porte à gauche ; Flora pa-*
raît sur le seuil.) C'est elle !... mon Dieu ! est-ce
encore un rêve ?

FLORA, *à part.*

Le prince, il a l'air courroucé ; je suis toute
tremblante !

LE DUC.

Si tu n'es pas une vision, si tu existes réelle-
ment... parle encore, de grâce... parle, car je
n'ose croire à tant de bonheur.

FLORA.

Pardon, monseigneur, je ne suis pas habituée
au langage de la cour et je ne vous ai pas bien
compris... vous m'avez ordonné de parler, n'est-
ce pas ?

LE DUC.

Oui, oui ! Que sa voix est harmonieuse et pure !

FLORA.

Je me nomme Flora Gontard, pour vous servir ;
je suis de Chameillan.

LE DUC.

Par quel miraculeux hasard te trouves-tu près
de moi ?

FLORA.

C'est un beau monsieur très-honnête qui m'a
conduite ici ; il m'a dit que vous... votre altesse...
oui... c'est ainsi que je dois vous appeler... il m'a
dit que votre altesse me ferait justice !...

LE DUC.

Justice de qui ?

FLORA.

Des scélérats qui m'ont enlevée.

LE DUC.

Ah ! on t'a enlevée !

FLORA.

Oui, monseigneur... votre altesse : j'allais chez
ma marraine avec mon père... nous nous dépê-
chions, car la nuit devenait noire... Tout-à-coup
de vilains hommes nous ont entourés ; les uns se
sont emparés de mon père, et les autres m'ont
entraînée au grand galop... J'ai eu bien peur et
j'ai été bien inquiète... mais je suis plus tranquille maintenant ; le beau monsieur m'a assuré
que l'on n'avait fait aucun mal à mon père.

LE DUC.

Flora, tu béniras chaque jour cet enlèvement
qui t'a causé tant d'effroi.

FLORA.

Je le bénirai !

LE DUC.

Oui, car il change toute ta destinée. Tu ne
retourneras plus dans ta chaumière ; un palais
t'abritera désormais !

FLORA.

Un palais ! oh ! je rêve !

LE DUC.

Si celui-ci ne te semble pas assez brillant, j'or-
donnerai qu'on t'en construise un autre.

FLORA.

Oh ! ce n'est pas la peine... vous êtes trop
bon... mais pourquoi donc ?

LE DUC.

Je t'aime !

FLORA.

Vous m'aimez !

LE DUC.

Oh ! depuis bien long-temps. Ton image me sui-
vait partout ; elle seule charmait ma solitude.

FLORA.

Un prince ne peut pas aimer une pauvre fille
comme moi : vous voulez rire ?

LE DUC.

Non, je parle sérieusement, je le jure devant
Dieu !

FLORA.

Vraiment ! vous ne vous moquez pas de moi ?...
Oh ! tant pis ! car on est bien malheureux quand
on aime tout seul... Mon cœur n'est pas libre, je
l'ai donné.

LE DUC.

A un rustre de ton village, sans doute, qui ne
t'apportera en dot que sa misère.

FLORA.

Hélas ! il est bien pauvre, c'est vrai ; mais il est
si bon !

LE DUC.

Il faut l'oublier !

FLORA.

L'oublier !... oh ! jamais !... nous avons échan-
gés nos anneaux... je ne me parjurerai pas.

LE DUC.

Flora, il est impossible que cet homme t'aime
autant que moi... si tu savais... les paroles me
manquent pour t'exprimer l'ardeur de ma pas-
sion.

FLORA.

Je n'en suis pas digne, monseigneur : je vous le
répète, mon cœur est pris.

LE DUC.

Tu ne veux pas renoncer à ce misérable paysan ?
oh ! je t'y forcerai bien !

FLORA.

Vous n'abuserez pas de votre puissance !... Laissez-moi partir !...

Elle veut sortir.

LE DUC.

Tu ne sortiras pas... tu ne le reverras jamais !...
tu es en mon pouvoir !

FLORA.

Grâce ! pitié ! monseigneur... Laissez-moi, je
veux rassurer mon père.

Elle se sauve dans la chambre à gauche ; le Duc veut la sui-
vre ; mais Flora a fermé la porte sur elle.

LE DUC, *avec rage.*

Elle m'échappe ! mon Dieu ! Holà ! quelqu'un !

SCENE IX.

LE DUC, LE MARQUIS, *entrant par le fond.*

LE MARQUIS.

Les portes sont closes, monseigneur... elle est
votre prisonnière... De grâce, calmez-vous... une
telle agitation vous sera funeste.

LE DUC.

Est-ce qu'il est possible d'être calme quand on
voit mourir sa dernière espérance de bonheur...
quand la jalousie vous dévore ?

LE MARQUIS.

Je vous débarrasserai de celui qu'elle vous préfère.

LE DUC.

Nous ne connaissons pas son nom.

LE MARQUIS.

Je le découvrirai. Mais calmez-vous ! au nom
du ciel ! ne songez plus à cela.

LE DUC.

N'y plus songer !

LE MARQUIS.

Jéronimo Balbi a dit que les émotions violentes empêcheraient votre guérison.

LE DUC.

C'est vrai. Mon Dieu, la fatalité me poursuivra
donc toujours ?

LE MARQUIS.

Il faut vous distraire.

LE DUC.

Rien ne pourra me distraire maintenant.

LE MARQUIS.

Votre bouffon a de l'esprit, il vous égaiera. Je
vais l'appeler.

LE DUC.

Appelez-le.

LE MARQUIS.

Justement le voici.

SCENE X.

LES MÊMES, **RIGOBERT,** *entrant par le fond.*

RIGOBERT, *tout bouleversé, à part.*

Flora enlevée !... oh ! elle est ici... c'était bien
sa voix qui avait frappé mon oreille.

LE MARQUIS, *bas à Rigobert.*

Tu sais ce que je t'ai promis : je vais te tenir
parole. (*Haut.*) Son altesse est souffrante ; elle a
besoin de distraction ; fais-la rire.

RIGOBERT, *trop absorbé pour l'avoir entendu,*
poursuit son soliloque.

Mais sa voix n'était pas émue, elle ne criait pas
au secours... Flora serait-elle coupable ?

LE DUC, *à part, avec rage.*

Oh ! si je connaissais le misérable...

LE MARQUIS.

Tu ne m'as donc pas entendu, bouffon ?

RIGOBERT.

Plaît-il ?

LE MARQUIS.

Je t'ai ordonné de faire rire son altesse.

RIGOBERT.

Rire ! il s'agit bien de cela, vraiment !... vous
croyez que je suis en train d'être comique... je
tourne au drame, au contraire. La tempête est
dans mon cœur, l'enfer dans ma cervelle. Adres-
sez-vous à un autre, ou rendez-la-moi.

LE MARQUIS.

Que signifie cette boutade ? elle n'est qu'irré-
vérente, incompréhensible... Qu'en pense votre
altesse ?

LE DUC, *avec impatience.*

Est-ce que je l'ai écouté ?.. il m'ennuie.

LE MARQUIS.

Faut-il le renvoyer à la potence ?

LE DUC.

Que m'importe !... Non, arrêtez... *(A Rigobert.)*
Tu es de Chameillan ?

RIGOBERT.

Oui, monseigneur.

LE DUC.

Alors tu dois connaître Flora...

RIGOBERT.

Flora Gontard... nous y voilà !

LE DUC.

Tu la connais ?

RIGOBERT.

Oui. C'est donc vous qui l'avez enlevée ?

LE DUC.

Qui t'a appris ?...

RIGOBERT.

Son père. Oh ! il ignore que vous êtes le ravis-

seur de sa fille; mais moi je le devine, parce que
vous me parlez d'elle. Flora est bien fière, bien
heureuse, n'est-ce pas, d'être la maîtresse d'un
prince ?

LE DUC.

Non, elle m'a repoussé.

RIGOBERT.

Oh! tant mieux!

LE DUC.

Comment! tant mieux!

RIGOBERT.

Je voulais dire tant pire; ma langue a tourné.

LE DUC.

Sais-tu qui elle aime, qui elle me préfère? Oh!
dis-moi son nom, car je veux me venger.

RIGOBERT, à part.

Merci, je vais te le nommer tout de suite, attends! (Haut.) J'ignore absolument.

LE DUC, avec rage.

O malheur!

LE MARQUIS.

Modérez-vous, mon prince. Je me suis chargé
de vous débarrasser de votre rival; fiez-vous à
moi... je le découvrirai, fût-il au bout du monde,
et il mourra.

SCENE XI.

LES MÊMES, SATURNUS.

SATURNUS, à part, entr'ouvrant la porte du fond.

Il mourra! Merci, jalousie... grâce à toi, j'ai
écouté à la porte. (Haut.) Je connais l'amant
de Flora, moi, et je vais vous le montrer... le
voici !

LE DUC.

Rigobert !

LE MARQUIS.

Je m'en doutais.

RIGOBERT, à Saturnus.

Infâme traître !

SATURNUS.

Je n'ai voulu être ton domestique que pour te
desservir... c'était dans mon emploi.

LE MARQUIS, au Duc.

Tout s'arrange à merveille. Rigobert ne vous a
pas fait rire, vous avez le droit...

RIGOBERT, à Saturnus.

Mais tu es aussi l'amant de Flora, toi !

SATURNUS.

Allons donc!

SCENE XII.

LES MÊMES, FLORA, LE CHEVALIER, en-
trant par le fond.

FLORA.

Saturnus!... je ne m'étais pas trompée, mon
Dieu! c'était son organe chéri que j'avais entendu!... ils t'ont découvert, pauvre ami, et ils veu-
lent te tuer sans doute parce que je t'aime.

Elle l'embrasse.

SATURNUS , la repoussant.

Vous dites que vous m'aimez? Mais non, vertubeuf !

FLORA.

Tu en doutes, ingrat !... je viens partager ton
sort, mourir avec toi... oh! nous ne serons pas séparés, le même coup nous frappera tous les deux.

SATURNUS.

Bien obligé! je n'y tiens pas... trépassez avec
Rigobert, si bon vous semble.

FLORA.

Rigobert!... tu seras donc toujours jaloux de
lui?... tu sais pourtant bien que je le déteste.

SATURNUS, au Duc.

Elle ne le déteste pas ; c'est faux, archifaux!...
Monseigneur, elle l'adore, au contraire.

FLORA.

Oh! je ne vous comprends pas.

SATURNUS.

Je vous comprends, moi!... vertubeuf! vous
espérez...

RIGOBERT.

Si j'avais l'amour de Flora, j'en subirais volontiers les conséquences, quelles qu'elles fussent,
mais puisque tu es l'heureux mortel...

SATURNUS.

Heureux mortel toi-même!

RIGOBERT.

Misérable, tu voudrais!... oseras-tu nier que tu
as demandé Flora en mariage hier?

SATURNUS.

Je l'ai demandée, c'est vrai; mais vertubeuf..:

RIGOBERT.

Tu l'avoues enfin... il a avoué, monseigneur.

SATURNUS, tombant à genoux.

C'est une calomnie, monseigneur, épargnez-moi
grâce !

FLORA.

Il ne mérite pas le courroux de votre altesse, il
est trop lâche! je n'ai plus pour lui que du mé-
pris. Mon cœur est libre maintenant.

LE DUC.

Tu m'aimeras ?

Elle baisse les yeux sans répondre: le Duc reste près d'elle
et lui parle bas.

RIGOBERT, à part.

Elle pousse trop loin le dévouement.

LE CHEVALIER, à Rigobert.

Elle a bien joué son rôle.

RIGOBERT.

Je préférerais qu'elle s'en tînt là.

SATURNUS, à part.

Vertubeuf! je le tirerai donc toujours d'embarras!

LE MARQUIS, à Saturnus.

Un mot !

Il lui parle bas.

RIGOBERT, au Chevalier.

Cet odieux Saturnus comploterait-il encore contre moi?

LE MARQUIS, à Saturnus.

Peux-tu prouver que Rigobert est l'amant de
Flora?

SATURNUS.

Voilà le hic? Oh! mais j'y songe! oui, je peux le prouver... cette lettre convaincra monseigneur... j'ai joliment bien fait de la garder dans ma poche!

RIGOBERT, *au Chevalier.*

La lettre que j'ai écrite à Flora! je suis perdu!

Il tombe accablé sur le fauteuil placé près de la table.

LE CHEVALIER, *à part.*

Que faire pour le sauver?

LE MARQUIS, *au Duc.*

On vous trompe, monseigneur ; lisez ce billet...

LE CHEVALIER, *à part.*

Oui, de cette manière, je serai leur maitre à tous : allons prévenir l'astrologue.

Il sort par le fond.

RIGOBERT, *le voyant s'éloigner.*

Ne m'abandonnez pas...

Il veut le suivre, le Comte, entrant par la deuxième porte à droite, lui barre le passage.

SCENE XIII.

LE DUC, LE MARQUIS, LE COMTE, SA-TURNUS, RIGOBERT, *puis* LE MAITRE DES CÉRÉMONIES *et* LES GENTILSHOMMES DE SER-VICE.

LE COMTE *à Rigobert.*

Ma vengeance est prête : l'heure du diner va sonner, il faudra égayer son altesse, toute la cour sera assemblée ; elle dénigrera tes lazzi.

RIGOBERT, *à part.*

Je suis entre trois feux !

LE MAITRE DES CÉRÉMONIES, *entrant par le fond avec les gentilshommes de service.*

Votre altesse est servie !

LE DUC, *froissant la lettre qu'il vient de lire, bas au Marquis.*

Le misérable m'a pris pour dupe! (*A Rigobert, d'une voix terrible.*) Ah! tu es mon rival! ah! c'est toi qu'elle aime! fais-moi rire.

RIGOBERT, *à part.*

Plus d'espoir de salut.

LE DUC.

Je t'ai dit que si tu devenais maussade un seul instant, je te renverrais à la potence!

RIGOBERT.

C'est précisément à cause de cela qu'il m'est impossible... Mettez-vous à ma place et je vous donne trois heures pour trouver le moindre mot comique.

LE MARQUIS.

Il avoue son impuissance.

LE MAITRE DES CÉRÉMONIES.

Il est maussade.

TOUS LES GENTILSHOMMES.

Il est insipide, monseigneur.

SATURNUS.

Il est insupportable !

LE DUC.

Je peux user de mon droit, n'est-ce pas ?

TOUS.

Certainement.

LE MARQUIS *aux Gardes.*

Emparez-vous de cet homme !

RIGOBERT.

Infâme tyran !

FLORA.

Mon pauvre Rigobert !

Elle tombe évanouie sur le fauteuil près de la table.

LE DUC, *s'élançant vers elle.*

Flora !

SATURNUS, *à Rigobert.*

Qu'en dis-tu, Rigobert?

RIGOBERT.

Il ne manquait plus que le coup de pied de l'âne.

Les gardes entraînent Rigobert par le fond.

SCENE XIV.

LES MÊMES, **LE CHEVALIER**, *entrant par le fond.*

LE CHEVALIER, *bas au Duc.*

Monseigneur, empêchez cette exécution.

LE DUC.

Pourquoi?

LE CHEVALIER, *bas.*

Carlino m'envoie vers vous; il a, d'après vos ordres, tiré l'horoscope de Rigobert.

LE DUC.

Eh bien ?

LE CHEVALIER, *bas.*

Vous êtes nés sous la même étoile, sa mort doit précéder la vôtre de vingt-quatre heures.

LE DUC, *courant à la porte du fond.*

Arrêtez, je pardonne; que l'on respecte les jours de Rigobert!

SATURNUS.

Encore sauvé! Il faut qu'il ait de la corde de pendu dans sa poche...

RIGOBERT, *à part, en rentrant avec le Duc, qui le soutient dans ses bras.*

Qu'a-t-il dit pour me rendre impendable?

SATURNUS, *à part.*

Vertubœuf! comme je bisque !

LE CHEVALIER, *à part.*

Misérables ! vous êtes tous en mon pouvoir.

FIN DU DEUXIÈME ACTE.

ACTE TROISIEME.

Un salon d'un style moins sévère que celui de l'acte précédent; une porte au fond; portes latérales.

SCENE PREMIERE.

LE CHEVALIER, BALBI.

LE CHEVALIER.

Eh bien! docteur?

BALBI, *entrant par la gauche.*

Le coup a été violent, l'évanouissement sera de longue durée; mais il n'aura pas de suites fâcheuses. Je voudrais que le prince ne fût pas plus malade que cette jeune fille.

LE CHEVALIER.

Il est donc bien malade!

BALBI.

Je désespère de sa vie, ma science est impuissante.

LE CHEVALIER.

La mienne ne le sera pas, je le sauverai.

BALBI.

Mais vous n'êtes pas médecin?

LE CHEVALIER.

Aussi n'aurai-je pas recours à la médecine pour guérir le prince. Je me bornerai à éloigner de lui les personnes intéressées à lui nuire.

BALBI.

Quelles sont ces personnes?

LE CHEVALIER.

D'abord, vous, qui le tuez!

BALBI.

Moi, monsieur!

LE CHEVALIER.

Oh! ce n'est pas par ignorance, je dois vous rendre justice; tout le monde sait que vous êtes un savant docteur; vous le tuez, parce que vous êtes payé pour commettre ce meurtre abominable.

BALBI.

Payé!

LE CHEVALIER.

Oui, payé par MM. d'Arcano et de Cardonelli.

BALBI.

Une telle accusation...

LE CHEVALIER.

Est facile à soutenir.

BALBI.

Je vous défie!...

LE CHEVALIER.

N'élevez pas la voix, docteur, on nous entendrait, et il vaut mieux que tout ceci reste entre nous; parlons bas... Souvent la justice fait grâce de la vie à un criminel lorsqu'il livre ses complices... j'agirai comme la justice à votre égard, si vous me livrez le marquis et le comte.

BALBI.

Il faudrait qu'ils fussent coupables, et ils ne le sont pas plus que moi.

LE CHEVALIER.

Parlons bas, docteur, votre intérêt l'exige. Je poursuis: Afin que l'on ne tentât pas de se débarrasser de vous après la mort de Charles-Emmanuel, vous avez exigé que le marquis et le comte vous écrivissent chacun une lettre dans laquelle sa complicité fût bien établie... donnez-moi ces deux lettres, et je...

BALBI.

Elles n'existent pas!

LE CHEVALIER.

Elles existent, docteur.

BALBI.

Je ne vous comprends pas, vous êtes fou.

LE CHEVALIER.

Non, j'ai tout mon bon sens.

BALBI.

Cessez de m'importuner!

LE CHEVALIER.

Je vous ai conseillé de parler bas, docteur.

BALBI.

Mais, monsieur, je ne crains pas que l'on m'entende.

LE CHEVALIER.

Pour la dernière fois, docteur, voulez-vous me donner ces lettres?

BALBI.

Pour la dernière fois, je vous répète que je ne vous comprends pas, laissez-moi!

LE CHEVALIER.

Ne vous hâtez pas de sortir! si vous franchissez sans moi le seuil de cette porte, vous serez arrêté et conduit immédiatement dans le plus profond cachot de la tour.

BALBI.

Il ne suffit pas d'accuser, il faut prouver; prenez garde.

LE CHEVALIER.

Je prouverai, docteur, je prouverai, mes mesures sont bien prises. Six médecins célèbres que j'ai fait appeler arriveront aujourd'hui, et examineront votre conduite. Comme votre science est incontestable, ils trouveront au moins extraordinaire que vous ayez ordonné, afin de guérir une maladie de langueur, le repos, la solitude, et par conséquent l'ennui. Votre crime sera reconnu, et Charles-Emmanuel vous traitera avec une rigueur extrême; ne comptez pas sur MM. d'Arcano et de Cardonelli pour l'apaiser ou le tromper encore; j'ai placé près de lui un homme qui est plus puissant qu'ils ne l'ont jamais été.

LE BALBI.

Et cet homme?

LE CHEVALIER.

Se nomme Rigobert.

BALBI.

Comment, c'est vous... ?

LE CHEVALIER.

Oui, docteur. Charles-Emmanuel a peur de la mort, vous le savez. Or, maintenant qu'il croit que son existence dépend de celle du bouffon, il ne négligera rien pour prolonger ses jours. Il craindra de contrarier Rigobert ; il satisfera tous ses caprices. Rigobert m'est dévoué ; il va demander l'exil du comte et du marquis, il va se déchaîner contre vous... Vous voyez que je n'ai pas agi légèrement. Vous êtes mort, docteur ! je vous en donne ma parole d'honneur !

BALBI.

Un instant, monsieur ! si je vous remettais ces lettres ?

LE CHEVALIER.

Elles existent donc ! enfin, vous l'avouez !

BALBI.

Plus bas, monsieur ! si je vous remettais ces lettres ?

LE CHEVALIER.

Je ne m'en servirais qu'après avoir assuré votre fuite, je vous le jure !

BALBI, *tirant un portefeuille de sa poche.*

Eh bien ! les voici.

Il lui remet les lettres.

LE CHEVALIER.

Heureusement pour vous, docteur, je n'ai pas deviné que vous les portiez dans votre pourpoint.

BALBI.

Rappelez-vous votre promesse !

LE CHEVALIER.

Un cheval vous attend à la petite porte du parc ; mais avant de partir, il faut me rendre un service.

BALBI.

Lequel !

LE CHEVALIER.

Il faut annoncer au marquis et au comte que Charles-Emmanuel est perdu sans ressources, que, grâce aux émotions violentes qu'il a éprouvées aujourd'hui, la consomption s'est enfin déclarée.

BALBI.

Mais c'est faux ! le prince va mieux, au contraire.

LE CHEVALIER.

Vous êtes bien scrupuleux ! un mensonge de plus doit vous être indifférent !

BALBI.

Votre volonté sera faite.

LE CHEVALIER.

Vous auriez tort de me trahir, maintenant que je possède les preuves de votre crime... on vous écoutera... et si vous prévenez vos complices du danger qui les menace...

BALBI.

Oh ! je serai discret ! Commencerai-je par le marquis ou par le comte ?

LE CHEVALIER.

Commencez par le comte, et, après lui avoir appris la position désespérée de son altesse, vous lui direz que je suis seul ici.

BALBI.

Et quand j'aurai exécuté vos ordres ?

LE CHEVALIER.

Vous irez m'attendre dans le pavillon ; car vous ne pouvez sortir sans moi. Les sentinelles ont ordre de s'opposer à votre passage.

BALBI.

Je compte sur votre honneur.

LE CHEVALIER.

Moi, je compte sur votre frayeur.

Balbi sort par la droite.

SCENE II.

LE CHEVALIER, SATURNUS.

LE CHEVALIER, *seul.*

Il fuira... j'ai promis ; mais il est avare, et je ne lui permettrai pas d'emporter son trésor. Ce châtiment sera pour lui aussi terrible que la mort !... Quant à ses complices... ils ne m'échapperont pas... mon plan est-il bien conçu?...réfléchissons encore.

SATURNUS, *entrant par le fond sans voir le Chevalier.*

Je peux me flatter d'avoir trouvé une fameuse idée ! Vertubœuf ! elle est pyramidale, foudroyante, satanique, mon idée !... Oh ! oui, elle est satanique, mon idée, il y a du diable dans mon sang... exécutons... Flora est là.

Il indique la porte à droite.

LE CHEVALIER, *le voyant.*

Que viens-tu faire ici ?

SATURNUS.

Je prends l'air... je me promène.

LE CHEVALIER.

Va te promener ailleurs.

SATURNUS.

Je vous gêne, mon gentilhomme ?

LE CHEVALIER.

Oui, retire-toi.

SATURNUS, *à part.*

Vertubœuf ! il bouleverse mon idée de fond en comble !... Si j'avais une épée... je le poignarderais !

LE CHEVALIER.

Je t'ai dit de sortir.

SATURNUS.

Mais je sors beaucoup... (*A part.*) C'était bien la peine de m'échiner à trouver une idée !... Oh ! mais il m'en arrive une autre... non moins gigantesque que la première... J'attendrai qu'il soit parti pour revenir... Décidément, j'ai du génie !

Il sort par le fond.

SCENE III.

LE CHEVALIER, LE COMTE, *entrant par la droite.*

LE COMTE.

Jéronimo Balbi m'a annoncé une bonne nouvelle... Charles-Emmanuel est perdu sans ressources.

LE CHEVALIER.

Vous aussi, monseigneur, vous êtes perdu !

LE COMTE.

Moi ?

LE CHEVALIER.

J'ai vu le marquis, et je sais pourquoi il a ordonné à l'astrologue de prédire que Rigobert mourrait vingt-quatre heures avant son altesse.

LE COMTE.

Expliquez-vous.

LE CHEVALIER.

M. d'Arcano agi de la sorte parce que votre bouffon s'est vendu à lui.

LE COMTE.

Il s'est vendu ?... le traître !

LE CHEVALIER.

Comprenez-vous ?

LE COMTE.

Non, en vérité.

LE CHEVALIER.

Rigobert a sur le prince une influence que rien ne peut détruire.

LE COMTE.

C'est vrai !

LE CHEVALIER.

Il dit en ce moment que vous êtes son ennemi mortel, que vous l'avez persécuté sans cesse, que votre présence lui est insupportable, qu'elle nuit à sa santé.

LE COMTE.

Il demande mon exil !

LE CHEVALIER.

Oui, monseigneur, et il réussira.

LE COMTE.

Comment parer ce coup terrible ?

LE CHEVALIER.

Hélas ! je l'ignore... Les affaires du marquis sont bien en règle...

LE COMTE.

Que faire ?... Tâchons de prouver que l'astrologue est un imposteur.

LE CHEVALIER.

C'est facile... Rien ne nous empêche de nous servir de la lettre que le marquis a écrite à Jéronimo Balbi.

LE COMTE.

Mais je lui en ai adressée une pareille, moi.

LE CHEVALIER.

Je sais où le vieux renard les a cachées toutes les deux ; je vais m'en emparer. Nous détruirons la vôtre, et vous remettrez à Charles-Emmanuel celle du marquis.

LE COMTE.

Vous avez raison... Ah ! monsieur d'Arcano, vous vous croyez triomphant !

LE CHEVALIER.

Il faut autant que possible brusquer les choses, afin d'éviter les explications ; elles pourraient nous être nuisibles... Veillez à ce que tout soit prêt pour l'arrestation du marquis... Nous profiterons de la colère du prince.

LE COMTE.

Vous êtes mon sauveur ! mon bon ange !

LE CHEVALIER.

Hâtons-nous, monseigneur... le temps s'écoule.

Le Comte sort par la gauche.

SCENE IV.

LE CHEVALIER, LE MARQUIS, *entrant par le fond.*

LE MARQUIS.

Vous m'avez donc oublié, monsieur ?

LE CHEVALIER.

M. de Cardonelli vient de me quitter...

LE MARQUIS.

Eh bien ! pourquoi a-t-il ordonné à l'astrologue...?

LE CHEVALIER.

Pour se débarrasser de vous.

LE MARQUIS.

Je m'en doutais... Rigobert a la toute-puissance !

LE CHEVALIER.

Et il demande votre exil.

LE MARQUIS.

Malheur ! malheur !... Succomber au moment où j'allais atteindre le but !

LE CHEVALIER.

Vous ne succomberez pas, monseigneur.

LE MARQUIS.

Serait-il possible ?

LE CHEVALIER.

Rien ne vous empêche de vous servir de la lettre que M. de Cardonelli a écrite à Jéronimo Balbi.

LE MARQUIS.

Mais la mienne...

LE CHEVALIER.

Je sais où le cher docteur les a cachées toutes les deux ; je vais m'en emparer ; nous détruirons la vôtre, et vous remettrez au prince celle du comte.

LE MARQUIS.

Monsieur de Saint-Pons, je reconnaîtrai bientôt tous vos services.

LE CHEVALIER.

Il faut brusquer les choses, afin d'éviter les explications ; elles nous seraient peut-être nuisibles... Veillez à ce que tout soit prêt pour l'arrestation du comte... Nous profiterons de la colère de Charles-Emmanuel.

LE MARQUIS.

C'est juste !... Quel homme ! il pense à tout !

LE CHEVALIER.

Ne perdons pas une minute.

LE MARQUIS, *en sortant par la droite.*

Oh ! monsieur de Cardonelli, vous vous croyez victorieux !

LE CHEVALIER, *à part.*

Ils seront convaincus de ma fidélité jusqu'à la fin, et ils se livreront eux-mêmes... Maintenant, Jéronimo Balbi peut partir.

Il sort par le fond.

SCENE V.

SATURNUS, *seul.*

Enfin, la place est libre !...Tu vas fructifier, mon idée... De la pensée à l'exécution, il n'y a qu'un pas... faisons-le, ce pas... Un instant ! la prudence est la mère de toutes les vertus... Repassons notre chapelet... Flora est là ; elle ignore que Rigobert est sauvé... Pour qu'elle l'ignore davantage, je lui affirme que j'ai assisté à ses funérailles... Elle gémit.... maudit le prince.... je le maudis avec elle..... Je lui conseille de le fuir : elle accepte..... Je lui offre mon bras, et je l'emmène dans les pays les plus étrangers... A force de patience, je m'empare de son cœur... je l'épouse... Cela doit marcher comme sur des roulettes... Rigobert, mon ami, tu es damé !... Oh ! oui, tu es damé ; car je t'enlève ta dame... Je fais aussi des calembourgs quand je veux.

Il entre dans la chambre à gauche.

SCENE VI.

RIGOBERT, LE DUC, *entrant par le fond.*

LE DUC.

Je te le jure, tu ne rentreras jamais dans cette maudite chambre, où tant de tribulations ont fondu sur toi. Je ferai condamner toutes les portes. Ce salon te plaît-il ? Je le trouve un peu triste.

RIGOBERT.

Mais non... je le trouve assez gai... il est drôlet...

LE DUC.

Franchement ! il te convient... tu ne désires aucun embellissement ?

RIGOBERT.

Aucun... Mais pourquoi tant de bontés ?...

LE DUC.

Je tiens à ce que tu sois heureux.

RIGOBERT.

J'y tiens également.

LE DUC.

Tu ne te sens pas mal ?

RIGOBERT.

Pas précisément !

LE DUC, *épouvanté.*

Tu ne te sens pas bien ?

RIGOBERT.

Pas précisément !... voyez-vous... cette seconde pendaison m'a porté sur les jambes... j'ai les jarrets un peu flageolans.

LE DUC.

Cela ne durera pas ; le bonheur constant dont je vais t'entourer détruira cette souffrance passagère ?

RIGOBERT.

Votre altesse veut m'entourer d'un bonheur constant ?

LE DUC.

Tu n'auras pas le temps de former un désir, je les préviendrai tous.

RIGOBERT.

Je suis confus, en vérité... je... (*A part.*) Ah ça, mais mon oncle ne s'est donc pas trompé... il fallait sans doute que je fusse pendu deux fois... oui, c'est certain... j'ai mon accident, maintenant... Oh ! pardon, mon oncle, je suis un ingrat, j'ai osé douter de ta science ! grand magicien, va !

LE DUC.

A quoi penses-tu ? il me semble que tu es soucieux ?

RIGOBERT.

Moi, soucieux ! votre altesse veut rire... je suis exubérant de béatitude... je suis d'une gaîté indicible.

LE DUC.

Bravo ! tant mieux ! de la gaîté dépend la santé, et, pour te parler franchement, de ta santé dépend la mienne.

RIGOBERT.

Voilà qui est miraculeux !

LE DUC.

Pas tant que tu le penses ?

RIGOBERT.

Comment ! si j'avais une fluxion de poitrine... ce serait votre altesse...

LE DUC.

Peut-être, ménage-toi bien !... car à ton existence est liée mon existence.

RIGOBERT.

Oh ! voilà qu i...

LE DUC.

Tu mourras vingt-quatre heures avant moi.

RIGOBERT, *avec effroi.*

Avant vous ! diable ! diable !

LE DUC.

Oui, mon bon Rigobert, Carlino, le savant astrologue, l'a déclaré.

RIGOBERT.

Alors, ménagez-vous bien.

LE DUC.

Ménageons-nous.

Ils s'avancent mutuellement un fauteuil et s'asseyent.

RIGOBERT, *à part.*

Hélas ! je ne jouirai pas long-temps de mon bonheur constant... ce prince-là est bien malade... il n'a pas quinze jours à vivre... conséquemment je n'en ai pas quatorze, moi.

LE DUC, *à part, en regardant Rigobert.*

Mon Dieu! sa figure s'allonge... son front se rembrunit.

RIGOBERT, *à part, regardant le Duc.*

Ses joues sont creuses!... comme il est blême!... quelle mauvaise mine.

LE DUC, *se levant avec effroi et s'élançant vers Rigobert.*

Qu'as-tu?

RIGOBERT, *faisant le même mouvement.*

Qu'avez-vous?

LE DUC.

Moi, rien!... mais toi!

RIGOBERT, *se tâtant le pouls.*

Il me semble que vous souffrez.

LE DUC.

Je ne crois pas.

RIGOBERT, *à part, en tombant accablé sur son fauteuil.*

Pauvre prince!... il est... nous sommes bien bas... il est... nous sommes perdus!... quatorze jours, je me flatte, je n'en ai peut-être pas treize.

LE DUC, *en regardant Rigobert.*

(*A part.*) Il pâlit encore! (*Haut.*) Rigobert!

RIGOBERT.

Votre altesse!...

LE DUC.

Eh bien! voyons, ne sois pas sombre...

RIGOBERT, *avec découragement.*

Je m'ennuie!

LE DUC, *à part.*

Il s'ennuie! comme moi!... Oh! si l'ennui se met à le ronger aussi... il faut l'égayer... que pourrais-je lui dire?... Momus, prête-moi ta marotte un instant.

RIGOBERT, *à part.*

Treize jours! Au fait! pourquoi pas douze?... rien ne me prouve, au contraire...

LE DUC, *à part.*

Je ne trouve pas un mot.

RIGOBERT, *à part.*

Douze jours!

LE DUC.

Rigobert, tu vas rire... Il me vient une idée... As-tu jamais vu une cour plus sotte que la mienne?

RIGOBERT, *d'un ton lugubre.*

Heu! heu! je suppose que les cours se ressemblent toutes.

LE DUC.

La mienne a certainement la palme du ridicule.

RIGOBERT, *avec accablement.*

Heu! heu! cela m'est égal.

LE DUC.

Tu ne ris pas; ris donc!

RIGOBERT, *à part, en regardant le Duc.*

Il me semble que son altesse me fait l'honneur de me servir de bouffon... Ce que c'est que l'amour de la vie!... Ah! monseigneur... attends! attends! nous n'allons pas rire... (*Haut.*) L'ennui est mortel!

LE DUC, *épouvanté.*

Non, non... je crois me souvenir que tu aimes la musique; si je chantais?

RIGOBERT.

La musique adoucit les mœurs; mais je préférerais...

LE DUC.

Quoi? parle.

RIGOBERT.

Je ne le sais pas.

Il se promène, le Duc le suit.

LE DUC.

Voyons! il ne faut pas se laisser abattre.

RIGOBERT.

Je m'ennuie!

LE DUC, *avec colère.*

Je veux que tu t'amuses... je le veux, entends-tu?

RIGOBERT, *à part.*

Je le veux... je le veux... Nous le voulons.

LE DUC.

Aimes-tu la chasse?

RIGOBERT.

Non.

LE DUC.

Nous ne chasserons pas... Aimes-tu la pêche?

RIGOBERT.

A la ligne?... je l'exècre!

LE DUC, *avec colère.*

Nous ne pêcherons pas... Mais qu'aimes-tu donc enfin?

RIGOBERT.

Je ne sais pas.

LE DUC, *avec désespoir.*

Que faire, mon Dieu! que faire?

RIGOBERT, *à part.*

Ah! mais!... ah! mais attention!... Il prend la chose trop à cœur... Sa figure est bouleversée... ménageons-nous... (*Haut.*) Mon prince, que votre altesse ne se laisse pas abattre!

LE DUC.

Tu n'aimes rien!

RIGOBERT.

Je n'aime rien?... O blasphème!... (*A part.*) Ingrat! je l'avais oubliée!... (*Haut.*) Mais j'adore Flora!

LE DUC.

Flora!

RIGOBERT.

Pour moi, le bonheur, c'est Flora... Je ne puis vivre sans elle.

LE DUC.

Mais moi, je mourrai si...

RIGOBERT, *effrayé.*

Diable! diable!...

SCENE VII.

LES MÊMES, SATURNUS, FLORA.

SATURNUS, *à Flora.*

Venez! ô ange de... candeur! (*A part.*) Ciel! du monde!

FLORA.

Rigobert!

RIGOBERT *et* LE DUC.

Flora!

FLORA.

Est-ce bien lui... mon Dieu!

RIGOBERT.

Eh! oui... c'est moi!

Elle se précipite dans ses bras.

FLORA, *à Saturnus.*

Imposteur! tu m'avais dit qu'il était mort...
O mon Rigobert!

RIGOBERT, *à part, regardant le Duc.*

S'il en trépassait!

SATURNUS, *à part.*

Vertubeuf!... Oh! mais il ne l'aura pas... Le
prince la lui arrachera.

LE DUC, *à part.*

Il ne peut vivre sans elle.

RIGOBERT, *après un silence, s'avançant vers le Duc.*

Monseigneur, raisonnons... Vous savez que le
bonheur, c'est la santé, et que ma santé, c'est la
vôtre; vous savez également que je suis con-
damné à partir le premier... Mon bonheur doit
donc vous être plus cher que le vôtre.

LE DUC.

C'est juste.

FLORA, *à part.*

Que signifie ce discours?

SATURNUS.

Je ne devine pas le logogriphe.

LE DUC, *s'avançant vers Rigobert et Flora.*

Soyez unis!

SATURNUS.

Vertubeuf!

FLORA.

Serait-il possible!

RIGOBERT.

C'est plus que possible, mon amour!

Il l'embrasse.

SATURNUS, *à part.*

Ils sont unis pour toujours, et je leur ai servi
d'autel... Oh! je bisque profondément!

LE DUC, *à part.*

Qu'elle est belle! mon Dieu!

Il s'assied et cache sa figure avec ses mains.

RIGOBERT, *au Duc.*

Eh bien! monseigneur, je suis heureux! ma
jubilation est à son comble... Oh! je vivrai cent
ans!... Quel avantage pour votre altesse! elle
peut compter sur vingt-quatre heures de plus
que moi.

FLORA.

Le règne d'un prince si bon, si généreux, de-
vrait être éternel.

SATURNUS, *à part.*

Je comprends le suicide.

SCÈNE VIII.

LES MÊMES, *puis* LE CHEVALIER DE SAINT-
PONS, LE COMTE *et* LE MARQUIS.

LE CHEVALIER, *à part, en entrant par le fond.*

Rigobert n'a pas eu besoin de mes conseils
pour profiter de sa position.

LE COMTE, *entrant par la gauche, bas au Chevalier.*

Avez-vous les lettres?

LE CHEVALIER.

Voici celle du marquis; j'ai brûlé la vôtre.

LE COMTE, *à part.*

Je suis sauvé!

LE MARQUIS, *entrant par le fond, bas au Chevalier.*

Avez-vous ces lettres?

LE CHEVALIER.

Voici celle du comte; j'ai brûlé la vôtre.

LE MARQUIS, *à part.*

Je suis sauvé!

LE COMTE, *à part, regardant le Marquis.*

Vous serez décapité, mon cher marquis.

LE MARQUIS, *à part.*

Vous serez décapité, mon cher comte!

Ils s'avancent tous deux vers le Duc.

RIGOBERT, *à part.*

Mes deux cauchemars! Oh! je ne les crains plus!

LE COMTE, *au Duc.*

Monseigneur...

LE MARQUIS, *au Duc.*

Monseigneur...

LE COMTE, *au Marquis.*

Veuillez me laisser parler, monsieur le marquis,
ce que j'ai à dire à son altesse est de la plus haute
importance.

LE MARQUIS.

Je désire également communiquer à son altesse
une affaire de la plus haute importance.

LE DUC.

Je vous écoute, messieurs.

LE MARQUIS *et* LE COMTE, *tendant chacun sa
lettre.*

Cette lettre instruira votre altesse.

*Ils se regardent tous deux, et reculent épouvantés; le Che-
valier s'empare de leurs lettres.*

LE CHEVALIER, *les offrant au Duc.*

Oui, monseigneur, ces deux lettres instruiront
votre altesse... qu'elle daigne lire!

LE MARQUIS *et* LE COMTE.

Trahison!

LE CHEVALIER.

Oui, trahison! lisez, mon prince, il s'agit d'une
infâme trahison.

LE COMTE *et* LE MARQUIS.

Oh! monsieur de Saint-Pons!

LE CHEVALIER.

M. de Saint-Pons n'existe plus... maintenant, je
puis vous dire mon nom, je suis le vicomte de Nanta.

LE MARQUIS *et* LE COMTE.

Le vicomte de Nanta!

LE CHEVALIER.

Si vous n'étiez pas condamnés d'avance, je vous
conseillerais d'être plus prudens à l'avenir et de
faire mieux assassiner vos ennemis.

LE COMTE *et* LE MARQUIS, *à part.*

Fuyons!

LE CHEVALIER.

La fuite est impossible, messieurs! vous avez
ordonné vous-mêmes votre arrestation.

Les portes s'ouvrent, des soldats les gardent toutes.

LE COMTE *et* LE MARQUIS.

Enfer!

LE DUC.

C'est horrible! tous les deux ils voulaient ma mort!

LE CHEVALIER.

Afin d'avoir la régence.

LE DUC.

Et l'infâme Jéronimo Balbi?

LE CHEVALIER.

Il a disparu, monseigneur.

LE DUC.

Oh! je serai vengé de ses deux complices... Qu'on les entraîne!

RIGOBERT, *au Comte et au Marquis.*

Le ciel est juste! vous vouliez me faire pendre au moyen d'une lettre, et c'est par une lettre... Réponse du berger : A qui veut mal, mal arrive! Sans rancune.

Les soldats emmènent le Marquis et le Comte.

SCENE IX.

LES MÊMES, *excepté* LE COMTE *et* LE MARQUIS.

LE DUC, *au Chevalier.*

Nous rappellerons votre père, et nous n'oublierons jamais que nous vous devons la vie.

LE CHEVALIER.

Que votre altesse me pardonne! moi aussi j'ai osé l'abuser...

LE DUC.

Que dites-vous?

LE CHEVALIER.

J'ai payé Carlino l'astrologue pour qu'il déclarât que Rigobert mourrait vingt-quatre heures avant votre altesse.

RIGOBERT.

Quoi! ce n'est donc pas vrai? Oh! tant mieux!

LE CHEVALIER.

Mon prince ne croira plus à l'astrologie, maintenant.

LE DUC.

Non, je suis corrigé, vous m'avez donné une bonne leçon!

RIGOBERT, *à Saturnus.*

Si je ne me rappelais pas le proverbe : « A qui veut mal, mal arrive, » je te couperais les oreilles.

SATURNUS.

Oh! je te... je vous remercie... Tu... vous êtes bien bon.

FIN.